J. BOULANGER

AF403165

BIBLIOTHÈQUE NATIONALE IMPRIMÉS.

8° Lh⁸ 186

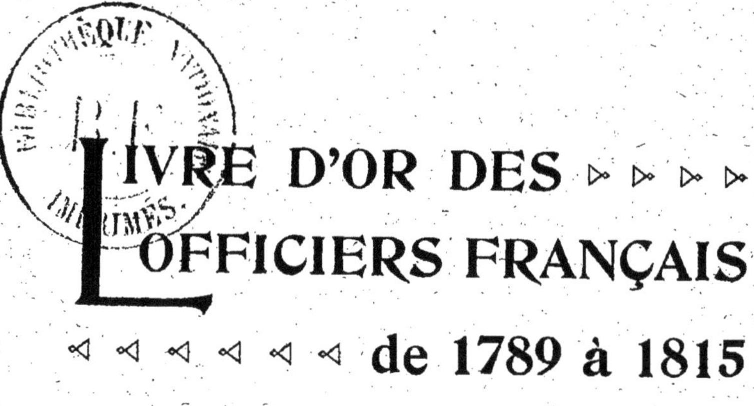

# LIVRE D'OR DES ▷ ▷ ▷ ▷
# OFFICIERS FRANÇAIS
## ◁ ◁ ◁ ◁ ◁ ◁ de 1789 à 1815

HENRI CHAPOUTOT

PRÉFACE DE JEAN GRAVE

DON
119299

# LIVRE D'OR DES OFFICIERS FRANÇAIS

## de 1789 à 1815 ▽▽▽▽▽▽▽▽

### d'après leurs Mémoires & Souvenirs

ÉDITIONS des "TEMPS NOUVEAUX"
4, RUE BROCA * * * * * * *PARIS 1904

*L'auteur déclare réserver ses droits
de traduction et de reproduction pour tous pays,
y compris la Suède et la Norwège.*

# PRÉFACE

# PRÉFACE

## Témoignages

Sous ce titre, le *Livre d'or des Officiers français*, que le lecteur ne se trompe pas : c'est bien un récit des hauts faits de la soldatesque — et de la soldatesque la plus haut gradée, s'il vous plaît — que lui apporte le camarade Chapoutot; mais ces hauts faits n'y sont pas arrangés et appréciés par des historiens qui ne peuvent rapporter un fait, surtout lorsqu'il s'agit de la gloire militaire, sans le commenter ou lui attribuer des causes ou des mobiles venant justifier leurs théories préconçues sur les « desseins profonds » d'hommes providentiels, le patriotisme touchant d'hommes dévoués, etc., etc. On connaît l'antienne.

Ce n'est pas non plus un de ces livres antimilitaristes qui commencent déjà à former un joli fond de bibliothèque, et auxquels les défenseurs de l'armée reprochent du parti-pris.

Non. L'histoire, ici, est écrite par ceux qui la firent. Les actes sont appréciés par ceux qui les accomplirent, par ceux qui aidèrent à les accomplir, ou furent à même de connaître leurs auteurs. Toutes chances d'être plus près de la vérité.

*

Aux attaques formulées contre la guerre, contre l'armée, leurs défenseurs répliquent :

« L'armée est l'école de l'Honneur, du Patriotisme, du Dévouement, de l'Abnégation, et d'un tas d'autres vertus auxquelles on ne saurait mettre trop de capitales, car il est entendu que le militarisme les possède à un tel degré, qu'elles y passent à l'état d'entités !

« Il n'y a que les poltrons, que les sans-patrie, que les égoïstes pour oser dire du mal de ces institutions, sans lesquelles les peuples s'avachiraient dans la mollesse et l'inertie ! »

Les timorés et les timides qui ne veulent contrarier personne, nous disent : « Peut-être bien l'armée n'a-t-elle pas toutes les vertus qu'on lui attribue, mais, probablement, la faites-vous pire qu'elle n'est ? D'autre part, si nous ne voulons pas être subjugués par des voisins sans scrupules, force nous est bien d'accepter ce « mal néces-

saire », en nous contentant d'admirer cet idéal...
irréalisable, hélas! ou, tout au moins si éloigné :
un état social sans soldats ! »

*

Tant que parlent seuls des adversaires, celui
qui ne se donne pas la peine de réfléchir, pense
avoir satisfait le bon sens, lorsqu'il veut faire
preuve de largeur d'idées, en faisant la moyenne
des opinions en présence, avouant que tout n'est
pas pour le mieux, mais qu'il faut bien se plier à
ce que l'on ne peut empêcher.

Et voilà justement où est le sel du livre du
camarade Chapoutot, c'est que ce dernier n'y fait
parler que des maréchaux, des généraux, de gros
bonnets de l'armée qualifiée de grande par les
chauvins, pour démontrer qu'elle en fut la quin-
tessence. Ils sont donc qualifiés pour parler de la
guerre et de l'armée.

Hé oui! les personnages que l'ami Chapoutot a
pris à charge de présenter au lecteur, ne sont pas
des personnages inventés pour leur faire exprimer
sa propre façon de penser. Ce sont des gens ayant
vécu les faits dont ils parlent, ayant pignon sur
l'histoire. C'est armé d'une seule paire de ciseaux
que notre auteur a arrangé les pages de son
livre; c'est dans les mémoires, dans la correspondance de ceux qu'il voulait peindre, qu'il est allé

chercher les matériaux de l'acte d'accusation qu'il voulait dresser contre l' « Infâme ». Et, lorsqu'on l'aura lu, on reconnaîtra que ceux qui n'ont apporté que leur imagination contre l'institution dont chacun souffre, dont chacun se plaint lorsqu'il est forcé d'en supporter les conséquences, mais contre la tyrannie de laquelle très peu osent se révolter, ne l'ont nullement calomniée.

*

Car, voyez l'esprit diabolique de l'auteur : non content d'amener à la barre des gens qualifiés, honorés, qui ont donné leur nom à des rues, à des places, à des boulevards, dont la statue se dresse sur les places publiques, à plusieurs exemplaires pour quelques-uns, auxquels l'histoire — l'histoire officielle — décerne les qualificatifs de grands hommes, de braves, de héros, il choisit ses exemples dans la période la plus admirée de notre histoire, admirée non seulement par ceux qui font profession de chanter les louanges de l'armée et de la guerre..... quand elle se fait loin de chez eux, et que ce sont les autres qui sont forcés de la faire — mais aussi par nombre de gens qui veulent bien admettre que la guerre, le militarisme pourraient bien, après tout, n'être que des survivances de l'antique barbarie, mais qu'un peuple se doit à lui-même de respecter les pages glorieuses de son passé, d'honorer ceux qui défendirent le pays et le firent grand!

*

Phrases creuses que tout cela. On en comprendra tout le mensonge, en lisant les aveux que l'auteur a su aller repêcher dans les *Mémoires* ou *Correspondances* publiés par ceux — ou leurs descendants — qu'il traîne au pilori; on verra ce qu'il faut penser de la guerre susciteuse d'énergie, de l'armée, école de l'honneur, de l'abnégation et du désintéressement!

La guerre, on l'a dit, et ceux qui la firent l'avouent, engendre la sauvagerie, la misère physique, matérielle et morale.

L'armée, — on l'a dit, et ce sont des maréchaux, des généraux qui viennent le certifier, — par sa hiérarchie, par sa discipline, par ses enseignements, ne peut susciter que le servilisme, le mensonge, la cupidité, et toutes sortes de dépravations.

Avec la guerre entrent en scène, le meurtre, le vol, le viol, actes peu propres, on l'avouera, à améliorer le caractère moral de ceux qui les accomplissent.

Si l'on peut citer de soldats des actes de courage et d'abnégation, c'est que, dans toutes les situations, l'homme obéit souvent à des impulsions contraires au milieu qui l'entoure, mais l'armée tend surtout à développer des sentiments qui ravalent l'homme au niveau de la brute. Voilà ce que viennent déclarer ceux qui firent de la guerre un métier, et furent des soldats par excellence.

J. GRAVE.

# INTRODUCTION

*Tous les noms d'Officiers cités dans cet ouvrage*
*se retrouvent à*
*"L'Annuaire de l'Armée Française"*
*sauf ceux de :*

Andrèossi, Auzou, de Beauharnais, de Bourmont, Bourrienne,
Breidt, Brune, de Canouville, Canuel, de Casa-Palacio,
Caulaincourt, Championnet, de Coëtlosquet, Custine,
Despinois, Dorsenne, Douence, Dumerbion, Dumouriez,
Duphot, Duroc, d'Erlon, Exelmans, Fezensac, Flach,
Galeazzini, Gauthier-Kervéguen, Guidal, Heudet, Jomini,
Jouy, Kilmaine, Lafon-Blaniac, Laharpe, Lahoz-d'Ortiz,
de Langeron, Linois, de Luckner, Macard, Marensin,
Marmont, Masséna, Miranda, Monthyon, de Montrichard,
Nansouty, Ordener, Pernetty, Pichegru, Piet de Chambel,
Poniatowski, Quetineau, Ritay, Rochambeau, de Rougeville,
Rubi, Ruffe, Rusca, Scholl, Sérurier, Songis, Souham,
Soult, Stroltz, Taviel, Thuring, Tugneau, Turreau,
de Vautré.

# INTRODUCTION

« Adieu, terre de France, adieu, terre des braves! »
s'écriait Napoléon Ier sur le pont du navire qui l'emportait
à Sainte-Hélène. Et, apercevant dans le lointain brumeux
les côtes de France, il saluait pour la dernière fois le pays de
ceux dont, comme il le disait encore, l'honneur et le courage sortaient par tous les pores.

Que de nobles combats ont en effet livré les soldats français! Que de victoires sans tache gagnées par eux, et avec
quelle douceur, quel calme et quelle honnêteté ils ont agi
dans toutes les capitales d'Europe!

Il semble avoir prophétisé, le poète qui disait :

> On parlera de sa gloire
> Sous le chaume bien longtemps ;
> L'humble toit dans cinquante ans,
> Ne connaîtra pas d'autre histoire.

Nous assistons en effet aujourd'hui à un renouveau de
l'épopée napoléonienne. Napoléon réapparaît au théâtre ;
tous les jours se publient de nouveaux mémoires sur les
guerres du premier empire, dont le Musée de l'armée
recueille les souvenirs les plus hétéroclites.

Il n'y a pas que les petits enfants qui bégayent, en ornant
de couleurs variées et criardes des images de soldats :

> Parlez-nous de lui, grand'mère,
> Parlez-nous de lui!

Pour un peu, on rééditerait : « *Victoires et conquêtes* »,
dont les nombreux volumes ont fait l'admiration des géné-
rations qui ont précédé la nôtre, au temps où le service
obligatoire était inconnu. On élève des statues à des généraux du premier Empire, hier encore absolument ignorés.
Le sabre semble redevenir dieu et la gloire des combats est
à l'ordre du jour.

4

Nos soldats, dit-on, ont été des héros ; rien ne vient ternir leur renommée.

Combien, contrairement à eux, les « ennemis » se sont-ils montrés infâmes, nous répète-t-on tous les jours ! Les Cosaques, partout où, en 1815, ils ont fait leur apparition chez nous, se sont signalés par des atrocités ; les Prussiens, à la même époque, ont commis des crimes abominables ; les Italiens se sont toujours montrés féroces ; les Espagnols se sont conduits à notre égard en véritables assassins ; les Anglais en cyniques bandits. Les étrangers ont toujours agi de même envers nous ; tout le monde a présents à la mémoire les méfaits de l'invasion allemande de 1870-71, et, hier encore, nous trouvions dans un catalogue de librairie l'annonce suivante :

733 **Exactions, vols et cruautés des Armées prussiennes en France** (Recueil de documents sur les), 1re partie. *Bordeaux*, 1871, 1 vol. in-8, 112 pages, broch rogn.

Curieux détails sur la Lorraine, la Champagne, le Pays Chartrain, et autres.

Ainsi donc on apprend à nos écoliers que nos soldats ont toujours été de glorieux héros, tandis que les soldats étrangers ont toujours été d'infâmes brigands. C'est peut-être excellent pour entretenir en eux un patriotisme étroit, qui est fait principalement de la haine de l'étranger, mais c'est, à notre avis, le contraire de la vérité.

Hélas ! que deviendrait l'enthousiasme chauvin des jeunes gens qui n'ont pas encore passé par la caserne et qui ont reçu en prix les *Chants du Soldat*, si on leur prouvait, par des exemples, que les atrocités de la soldatesque sont la conséquence forcée de la vie militaire, d'un combat, d'une victoire, et si l'on établissait incontestablement à leurs yeux que, ce qu'ont fait si souvent les troupes étrangères en France, nos soldats l'ont toujours fait, chez tous les peuples de l'Europe !

C'est cependant ce qui ressort formellement de la lecture des rapports officiels du Premier Empire, des souvenirs, des mémoires de l'époque dont la publication se poursuit journellement ; c'est ce qui ressort également de la lecture de la correspondance de Napoléon Ier.

De tous ces ouvrages, comme de ceux qui les ont précédés, des faits qui y sont racontés, des détails inouis, des scènes honteuses, des vols, des exactions, des viols, des assassinats qui y sont complaisamment énumérés et décrits, ne serait-il pas possible de tirer argument, et d'établir, sans contradiction possible, le mobile qui, dans tous les temps, dans tous les pays, a toujours fait agir le soldat ?

Ce mobile, on n'en peut pas douter, c'est l'amour du butin, du pillage, de la dévastation, de tous les excès, ayant une origine unique, l'amour de l'argent.

Avec des soldats, on peut tout faire. L'Empereur Sévère le reconnaissait il y a près de deux mille ans lorsque, sur son lit de mort, il disait à ses enfants : « Enrichissez vos soldats et moquez-vous du reste. »

Mais, pour pouvoir compter sur les soldats, il faut les gorger d'or. Le vieux mot : « Pas d'argent, pas de Suisses ! » exprime une profonde vérité. Oui, il faut de l'or aux soldats. Déjà Richelieu le disait : « La solde est l'âme du soldat, et l'entretien de son courage, qu'il semble perdre lorsqu'il n'est pas payé. » Et Frédéric II le confirmait :

« Le Grand Frédéric assure en ses écrits que quelques sacs d'écus, répandus sur la route, arrêtent infailliblement une poursuite. Le procédé lui était familier, et jamais, pendant ses longues guerres, il n'eut à constater l'impuissance de l'or. »

GÉNÉRAL AMBERT, *Portraits de Gens de Guerre*, p. 249.

De cette opinion autorisée il faut rapprocher celle de Pichegru, qui déclarait :

« Il faut que vous sachiez que, pour le soldat français, il faut, en criant vive le roi, lui donner du vin et un écu dans la main. »

GÉNÉRAL BOURRIENNE. *Mémoires*, t. I, p. 207.

Ainsi le soldat ne reculera devant aucun obstacle pour se procurer de l'or. D'ailleurs le mot l'indique. Soldat signifie homme payé, attiré par la cupidité. Littré nous dit, dans son *Dictionnaire de la Langue française* : « Soldat, étymologie : italien, *soldato*, de *soldare*, solder. L'ancienne langue disait soldoier, d'où l'anglais a fait soldier. » Et soldier vient de solde, dont l'étymologie est le mot bas-latin *solidum, soldum, soldo*, de *solidus*, pièce de monnaie.

6

Le soldat, les armées de France, n'ont pas toujours eu une conduite exemplaire.

Remonterons-nous aux Gaulois? Il suffit d'ouvrir une histoire romaine pour y lire que nos ancêtres les Gaulois ont pillé l'Italie de fond en comble, lorsqu'ils l'ont envahie. Renvoyant le lecteur aux histoires de l'époque, nous nous contenterons de l'extrait suivant :

« Les XII tables ne sont pas restées longtemps sous les yeux des Romains dans leur forme première : les tables primitives n'ont pas dû survivre au sac de Rome par les Gaulois (an 364 de Rome — 390 av. J. C.), où elles durent être brûlées, si elles étaient de bois, être emportées avec le reste du butin, si elles étaient de bronze. »

GIRARD. Manuel du Droit romain, p. 23.

Au surplus, c'est remonter un peu loin dans l'histoire des armées françaises. Passons rapidement sur les hordes sauvages des rois mérovingiens, sur les massacres sanglants qui eurent lieu par ordre de Charlemagne, et arrivons au Moyen-âge.

« Dieu le veut! Dieu le veut! » s'écriaient les croisés en se rendant à Jérusalem. Quels qu'aient été leurs sentiments religieux, ils ne traitaient pas les mécréants avec beaucoup de douceur. En 1099 :

« Godefroy de Bouillon enleva la place de Jérusalem d'assaut et massacra en bloc tout ce qui se trouva dans la ville. Dans la grande mosquée d'Omar, bâtie sur l'emplacement du Temple de Salomon, le massacre fut tel qu'on marchait à cheval dans le sang jusqu'aux genoux du cavalier et jusqu'à la bride du cheval (1). Un autre chroniqueur dit que les bras, les mains, les jambes nageaient dans la mosquée. »

DUSSIEUX. L'Armée en France, t. I, p. 104.

Et pourtant les Croisés étaient des chrétiens enthousiastes et convaincus !

« Philippe-Auguste créa une milice en 1180. Ceux qui consentirent à y entrer furent appelés souldoyés. C'étaient,

---

(1) RAIMOND D'AGILES.

pour la plupart, des gens sans aveu, ramassés dans tous les pays (1). »

Ce sont peut-être ces soldats que la *Chronique de Saint-Denis* dépeint « pillards, larrons, voleurs, infâmes dissolus, excommuniés. Ils ardaient les monastères, tourmentaient les prêtres, puis leur donnaient grands buffes et grosses gousses ».

La *Chronique* de Bertrand du Guesclin, parlant des bandes de soldats, dit aussi :

> Gens de maint pays et de mainte nation,
> L'un Anglais, l'autre Escot, si avait maint Breton,
> Hannuyers et Normands y avait à foison,
> Par li païs alloient prendre leur mancion,
> Et prenaient partout les gens à rainçon.
>
> . . . . . . . . . . . . . . . . . .
>
> Et il n'y demeurait bœuf, vache, ne mouton,
> Ne pain, ne char, ne vin, né oye, ne chapon,
> Tant pillar, meurtrier, traïteur et félon
> Etaient dans la route dont je fais mention.

Tous ces hommes étaient employés par les rois de France, qui, s'ils ne pouvaient les payer, autorisaient leurs brigandages. C'est ce qu'avait fait Louis VII. De même, en 1525, les bandes militaires obtinrent du roi la permission de « vivre sur le peuple » en attendant le paiement de ce qu'on leur devait. Tous les environs de Paris furent pillés.

Quoi d'étonnant à cela de la part de ceux qu'une ordonnance de François I<sup>er</sup> de septembre 1543 appelle « des hommes méchants, flagitieux, abandonnés à tous les vices ». Ces hommes, pour avoir de l'argent, étaient capables de tout. Au siège du château de Fleuranges, des lansquenets vendirent leur général pour une somme assez modique et livrèrent la place au comte de Nassau.

« Les compagnies se recrutaient de tous les gredins résolus à faire valoir le métier. Toutes les bandes étaient accompagnées de garces qui n'étaient pas moins voleuses que les mauvais gars qu'elles accompagnaient. Strozzi (2) avait

---

(1) Fieffé. *Histoire des troupes étrangères au service de la France.*
(2) Maréchal de France.

défendu à ses troupes, vers 1570, de traîner avec elles des filles de joie et plusieurs fois il renouvela l'ordre. Les soldats gardèrent les filles. A la fin Strozzi se fâcha et fit noyer huit cents filles dans la Loire aux Ponts de Cé (Brantôme, VI, 132) ».

DUSSIEUX. *L'armée en France*, t. I, p. 408.

Ces messieurs n'étaient pas en effet de la plus grande douceur. En 1597 :

« En Bretagne, à la prise de Penmarch, un chef ligueur nommé Fontenelle fit mourir dans les tortures cinq mille paysans, fit violer toutes les femmes et toutes les filles, brûla deux mille maisons, pilla et emporta un immense butin. »

DUSSIEUX. *L'armée en France*, t. I, p. 408.

Et il en fut toujours ainsi ! Si, en temps de guerre, les soldats pouvaient piller à leur aise, en temps de paix, ils passaient assez agréablement leur temps. Bayard et les hommes d'armes en garnison à Aire, en Picardie « se délectaient tous les jours à essayer leurs chevaux et à faire banquets aux dames, où entre autres, le Bon Chevalier fit très bien son devoir (1) ».
Sous Louis XIV, parlerons-nous des dragonnades ?

« Les soldats, chargés de prendre soin de la conscience de leurs hôtes, se livrèrent avec joie aux licences qu'on leur permettait, ils se mirent à chauffer (2), tenailler, et suspendre par les pieds les femmes et les hommes, ils leur soufflaient de la fumée de tabac dans le nez, et, en se relayant, d'après le conseil de l'intendant Foucault, ils empêchaient, par leurs cris et leurs jurements, le sommeil de leurs victimes jusqu'à ce qu'elles succombassent à la fatigue. »

JOBEZ. *La France sous Louis XV*, t. I, p. 79.

(1) Le Loyal Serviteur. *Histoire de Bayard.*
(2) BENOIT, *Histoire de l'Edit de Nantes*, t. III, 833. Voir dans l'article *Migault (de la France Protestante*, de MM. Haag), la manière dont on exposa la femme Migault, qui relevait de couches, à un foyer ardent; voir aussi les tortures infligées à Pineton de Chambrun, t. VII, p. 416; t. VIII, p. 246.

« On peut se faire une idée du désordre et des excès d'une soldatesque sans frein lâchée au milieu des manufactures et des riches magasins des commerçants protestants. Les soldats mettaient en pièces les meubles qu'ils ne pouvaient emporter, volaient tout ce qui était à leur convenance, faisaient coucher leurs chevaux sur des draps de toile de Hollande, sur des ballots de coton, de laine ou de soie. »

JOBEZ. *La France sous Louis XV*, t. I, p. 81.

Et nous ne citerons que pour mémoire l'invasion du Palatinat : « Il y a des renommées qui trompent; on ne sait pas pourquoi de certains généraux, grands d'ailleurs, ont été si populaires. Turenne était adoré de ses soldats parce qu'il tolérait le pillage; le mal permis fait partie de la bonté; Turenne était si bon qu'il a laissé mettre à feu et à sang le Palatinat (1). »

Sous Louis XV, « ... le soldat est indiscipliné, pillard, maraudeur; il pille les magasins de l'armée, commet des meurtres : la maréchaussée elle-même à l'occasion détrousse les voyageurs. L'administration n'est pas mieux organisée. On vole partout; en Canada, le pillage et la concussion atteignent des proportions inconnues; le maréchal de Richelieu est une des hontes de ce temps ».

DUSSIEUX. *L'armée en France*, t. II, p. 304.

Et M. de Saint-Germain, après la bataille de Rosbach, écrivit à son ami Pâris du Verney : « Je conduis une bande de voleurs, d'assassins à rouer. »

C'est que, en effet, si on recrute, le plus souvent à la suite de libations réitérées, d'honnêtes jeunes gens qui ont lu sur tous les murs de la capitale des affiches telles que celle-ci :

A LA BELLE JEUNESSE

ARTILLERIE DE FRANCE

CORPS ROYAL

RÉGIMENT DE LA FÈRE

COMPAGNIE DE RICHOUFFLZ

De par le Roy,

Ceux qui voudront prendre part dans le corps royal de

_______

(1) V. Hugo. *Les Misérables*, II, 1.

l'Artillerie, régiment de la Fère, compagnie de Richoufflz, sont avertis que ce régiment est celui des Picards. *L'on y danse trois fois par semaine ; on y joue aux battoirs deux fois, et le reste du temps est employé aux quilles, aux barres, à faire des armes. Les plaisirs y règnent ;* tous les soldats ont la haute paye ; bien récompensés ; des places de gardes d'artillerie, d'officiers de fortune à soixante livres par mois d'appointements.

Il faut s'adresser à M. RICHOUFFLZ en son château de Vauchelles, près Noyon en Picardie. Il récompense ceux qui lui amèneront de beaux hommes.

… Si donc on recrute d'honnêtes jeunes gens, on en cherche également dans les prisons. C'est du moins le lieutenant de police d'Argenson qui nous l'apprend :

« Le besoin de soldats fait quelquefois changer la peine de la prison en enrôlement militaire, pour peu que le coupable manifeste du repentir, du goût pour le métier des armes, ou se fasse demander par un chef de corps. S'il prévient la police avant d'être arrêté, on ferme les yeux, dans la conviction que « l'appréhension de rentrer dans les liens de la justice l'empêchera de déserter » fidélité qui à cette époque n'est pas à dédaigner chez un soldat (1). On enrôle surtout les prisonniers d'une belle stature, dans l'espoir que « leur courage répondra à leur taille ». On leur choisit un régiment de confiance. C'est aussi à l'armée qu'on expédie les sodomites.

*Rapports inédits du lieutenant de police Rene d'Argenson, introd.* p. 91.

« Une comtesse de Scey s'avisa, dans l'intérêt de son fils, d'aller chercher deux contrebandiers jusque dans leur prison, et après avoir payé les 800 livres d'amende auxquelles ils avaient été condamnés, elle les fit entrer dans un régiment. Un autre condamné aux galères fut enrôlé dans le régiment de Belzunce. Le ministre ménageait les intérêts des capitaines

---

(1) Parmi nous les désertions sont fréquentes, parce que les soldats sont la plus vile partie de chaque nation (Montesquieu, *Grandeur des Romains*, chap. 11).

au point de ne pas laisser poursuivre ceux de leurs soldats qui trempaient dans des guet-apens pour lesquels leurs complices étaient pendus ou roués ».

JOBEZ. *La France sous Louis XV*, t. II, p. 514.

« Le soldat français était presque aussi redouté de ses compatriotes que des étrangers.

Id., t. II, p. 521.

On comprend dès lors que le marquis de Noailles, interrogé par le ministre sur l'armée d'Italie qui, d'après les états de situation devait se trouver au complet, et qui, au contraire, n'avait que de faibles effectifs, ait répondu :

« Le désordre est extrême, les nouveaux officiers arrivés de France ont reçu toutes sortes de degoûts des colonels qui favorisaient leurs capitaines. Les capitaines, pour profiter de la solde de leurs hommes n'ont pas voulu compléter leurs compagnies; les directeurs et les inspecteurs ont été trompés, les commissaires des guerres intimidés. On a distribué à des favoris des gratifications destinées à des officiers blessés...

... Les soldats n'obéissent à aucun ordre, et mettent tout au pillage. On a vu des soldats couper les doigts et les oreilles à des femmes pour leur enlever leurs bijoux; ils ont refusé la viande fournie par le roi de Sardaigne pour se nourrir de volailles dérobées dans les campagnes. Des bœufs volés se sont vendus dans le camp même pour 3 ou 4 francs. Des militaires français ont été offrir publiquement dans les villes de l'argenterie et du linge qu'ils avaient pillé. Un régiment qui avait commis pour plus de 50.000 livres de dégâts dans un château de Lombardie a été soutenu par son colonel qui n'a pas rougi de calomnier une dame appartenant à une des plus nobles familles pour affaiblir la gravité de ses plaintes. Le roi de Sardaigne a essayé en vain de faire des représentations : « Il faut bien, lui a répondu un général, pardonner quelque chose à des gens qui n'ont que quatre sous par jour. » Le maréchal ajoutait que même des officiers français avaient été obligés de racheter de leurs propres soldats des effets qui leur avait été dérobés dans une déroute »

JOBEZ. *La France sous Louis XV*, t. III, p. 86.

Il est triste de penser que c'était à la tête de tels hommes que les rois de France faisaient campagne à l'étranger, étant donné surtout la facilité dérisoire avec laquelle les têtes couronnées d'alors déclaraient la guerre à leurs voisins. Chacun sait que la cause secrète de la guerre que Louis XIV fit à la Hollande, en 1688, fut la mauvaise humeur que lui causa la vue d'une croisée de Trianon, qui n'était pas d'aplomb (Mémoires de Saint-Simon), et que les plaisanteries que le roi de Prusse faisait contre Madame de Pompadour décidèrent la guerre de sept ans.

Pour aller piller les états voisins, et s'enrichir aux dépens d'autrui, il n'y avait même pas besoin d'appartenir à un régiment. Des négociants se réunissaient, et, sous la conduite d'un hardi corsaire, allaient dépouiller les villes américaines. Par exemple :

« En 1711, une compagnie, formée principalement de négociants de Saint-Malo, excités par Duguay-Trouin, fournit aux frais d'armement d'une flottille avec laquelle ce célèbre marin s'empara de Rio-Janeiro. Les résultats de cette expédition élevèrent à 92 pour 100 le bénéfice des intéressés : la ville portugaise ayant été d'abord pillée, puis rachetée moyennant 12 millions, 500 caisses de sucre et beaucoup d'autres conditions onéreuses. »

*Magasin pittoresque*, année 1834, p. 76.

Mais si le soldat français s'adonnait au vol et au pillage, il ne faut pas croire qu'il dédaignait pour cela certains profits d'un caractère un peu plus spécial :

« Le garde-française est charmant avec son habit blanc à revers bleu de ciel, lorsqu'ayant à son bras une jeune beauté qui baisse les yeux, il frise galamment sa moustache en montrant à sa compagne les blonds épis de la moisson nouvelle, asile discret qui doit abriter leurs amours. Il y a là matière à de ravissantes aquarelles ; en dehors du dessin, le garde-française est ce qu'on peut appeler un garnement fort peu sentimental de sa nature, nullement scrupuleux dans les affaires de cœur, et racoleur plus que les nécessités du service ne le permettent. Faire le racolage sur le Pont-Neuf, sur le quai de la Ferraille au profit du roi de France, ne lui suffisait pas ; plus d'un enrôlait des défenseurs à la patrie et des amants à ses maîtresses. Quelles maîtresses ! bon Dieu,

que les beautés de la rue du Panier-Fleuri (1)! C'était là
cependant qu'ils choisissaient leurs odalisques. Plus d'un
riche financier, plus d'un abbé trop galant, plus d'un
bourgeois en maraude, payèrent cher leurs excursions sur les
terres de ces braves guerriers. Que de fois, entr'ouvrant tout
à coup une armoire cachée ou une porte secrète, on vit des
soldats français feignant les transports de la plus vive jalousie,
interrompre un entretien commencé, et interposer la lame
de leur épée entre deux caresses. Honteux d'être surpris en
pareil lieu, et dans un tel moment, l'amant improvisé offrait
sa bourse. Je vous laisse à penser si elle était acceptée, non
sans quelques difficultés cependant, afin de ménager l'illusion
de la mise en scène. Il ne se passait pas de nuit sans que la
rue du Panier-Fleuri ne fût le théâtre de semblables tours.
La chronique scandaleuse du temps était pleine de ces més-
aventures; on nommait tout haut les victimes du drame, et
les mémoires, indiscrets confidents des médisances de
l'époque, nous ont transmis les noms de plusieurs d'entre
eux. Un prince, deux évêques, trois financiers, un acteur de
la Comédie-Française furent rançonnés dans la rue du Panier-
Fleuri, après être tombés de cette façon entre les mains des
sous-officiers aux gardes; les sergents surtout étaient passés
maîtres dans ces jeux qui faisaient pour ainsi dire partie de
l'éducation militaire. »

TAXILE DELORT. *Les Rues de Paris,* t. I. p. 74.


Il faut donc croire que, à cette époque, l'amour des belles
était prodigué aux individus ornés de galons et recouverts de
passementeries. Il l'a été plus encore sous le premier empire :
« Connaissez-vous les hussards de la garde? » dit la
chanson.

Qu'ils étaient beaux sans doute et combien leur physique
devait présenter de charmes !

Mais il n'y a rien de nouveau sous le soleil, car sous
François 1er, les

> Archiers de garde en fière contenance,
> Qu'il fait beau voir marcher en ordonnance,

(1) Ancienne rue Jean-Saint-Denis, près la rue Pierre-Lescot.

faisaient déjà des victimes. Les dames de Milan, en les voyant, lors de l'entrée du roi, nous dit Marot,

> Musequins frians,
> Petits yeulx rians,
> Regards attrayans,
> Voyant ces puissants
> Grands archiers de garde,
> Disaient : quels géans !
> Vrai Dieu ! qu'ils sont grans,
> Fors comme éléphans,
> Hardis, triomphans.
> Dieu les sauve et garde !

Ainsi que l'établissent tous les exemples que nous venons de fournir, les troupes françaises, jusqu'à la fin du règne de Louis XVI, n'ont brillé ni par la douceur, ni par l'honnêteté. Nous aurions pu multiplier nos exemples.

Mais nous ne voulons pas nous occuper des faits antérieurs à 1789. Si nous avons cru devoir, afin de donner un aperçu général de toute l'histoire des soldats français, remonter aux premiers temps de l'histoire de France, nous ne voulons pas méconnaître les trop faciles objections que l'on pourrait soulever. A cette époque, pourrait-on dire, il n'y avait pas d'armée levée sur le sol national, à cette époque l'armée française était composée de mercenaires, la plupart étrangers, et, s'il y avait les régiments d'Auvergne, de Picardie, de Gascogne, de Normandie, etc... à côté d'eux se trouvaient les Suisses et le Royal allemand.

C'est vrai.

Aussi, tant pour ne citer que des faits reprochables à des Français de naissance que pour limiter notre tâche, nous contenterons-nous de citer en exemples des faits postérieurs à 1789.

Quelle vaste, immense, fantastique énumération nous aurions pu donner des forfaits des soldats français, de leur honteuse conduite, où qu'ils aient passé ! Nous aurions pu diviser ce volume en divers chapitres, chapitre du pillage, chapitre des viols, des cruautés, chapitre de l'ivrognerie, chapitre de la trahison, etc...

Ainsi, en ce qui concerne l'ivrognerie, nous aurions rappelé que la *Chanson des Corporeaux* (1), qui date de 1572, et dont voici un couplet :

______

(1) Caporaux.

> Un corporeau à ses voisins conta
> Qu'il avait eu contre un reistre querelle,
> Et toutefois qu'à grands coups de bouteille
> Il l'avait fait venir à la raison,
> Viragon, vignette sur vignon.

prouve bien qu'il y a longtemps que le vin exerce une certaine influence dans l'armée française.

On y aime le vin de France :

« Nous nous dirigeâmes (1) vers la belle ville de Nancy, et de Nancy à Epernay. On détacha le premier bataillon au bourg d'Ay... Le soir, après dîner, le vin mousseux arrive, et les propriétaires furent obligés de mener leurs soldats coucher, en les conduisant par dessous les bras; ils n'avaient plus de jambes. Le lendemain... nos ivrognes tombaient dans les fossés; c'était un désordre; il fallut trois heures de repos dans la plaine, à deux lieues d'Epernay, pour donner le temps de rejoindre, et les propriétaires d'Ay furent obligés de ramasser et de ramener nos traînards. Nous ne fûmes réunis que le lendemain, mais personne ne fut puni. »

Capitaine Coignet (Cahiers du), p. 178.

On y aime le vin d'Espagne :

« Depuis notre entrée en Espagne, chacun s'était procuré une petite outre contenant deux ou trois bouteilles qu'il ne quittait pas plus que son sabre. »

Général de Naylies. *Mémoires*, p. 131, note.

« Semblables à de vieux tonneaux, nos soldats étaient tellement avinés qu'ils ne se grisaient plus. »

Général de Naylies. *Mémoires*, p. 72.

On y aime les vins d'Autriche :

« La Moravie est riche en vins (2) : d'immenses caves renferment toujours la récolte de plusieurs années. Celles de

(1) 1806.
(2) 1809.

Stadt furent forcées, et l'ivresse, ajoutée à la chaleur et à la fatigue, anéantit, pour ainsi dire, dans un moment, toute l'infanterie de mon corps d'armée. »

MARÉCHAL MARMONT. *Mémoires*, t. III, p. 245.

Et il n'est jusqu'en Russie où l'on ne trouve à satisfaire ses goûts :

« 11 décembre 1812. — ... J'arrivai le soir à Kowno. Déjà les magasins étaient au pillage. Les farines, les liquides, les effets d'habillement étaient livrés à la rapacité du soldat et foulés aux pieds ; il ne songeait qu'à boire et il se livrait à ce besoin avec un tel excès que les rues, les places publiques étaient encombrés de soldats ivres, entassés les uns sur les autres. »

BARON PEYRUSSE. *Mémorial*, p. 134.

Voilà ce que, entre autres exemples, nous aurions raconté.

On pourrait nous objecter que si, fatigué, le soldat français boit un peu plus peut-être qu'il ne conviendrait, il sait néanmoins se conduire honnêtement et discrètement.

Allons donc ! Voici comment il procédait :

« Les troupes (1), d'après cet adage : « L'ennemi est comme la gerbe de blé : plus on le bat, plus il rend », prirent l'habitude de frapper le paysan pour se faire livrer son argent. On ne saurait croire à quel degré ils poussèrent la tactique du pillage. En visitant la maison, ils se faisaient accompagner par le maître, guettaient ses regards les plus furtifs et brisaient ou démolissaient tous les endroits sur lesquels ses regards s'arrêtaient. Ils démolissaient de même tous les murs intérieurs nouvellement construits ; ils arrosaient d'eau les caves, et, partout où cette eau se buvait plus vite qu'ailleurs, ils creusaient à l'instant ; ils fouillaient pareillement les terres nouvellement remuées dans les cours et dans les jardins. »

GÉNÉRAL THIÉBAULT. *Mémoires*, t. III, p. 427.

« Les maisons étaient désertes et les portes fermées ; nos

(1) Campagne d'Autriche (1806).

soldats les ouvraient d'un coup de fusil dans la serrure :
c'était le moyen le plus expéditif. »

Général de Naylies. Mémoires, p. 181.

Et quand on ne peut faire sauter les serrures, on procède autrement :

« A Ombriano... Toutes les femmes de la paroisse avec leurs plus belles toiléttes s'étaient réfugiées dans l'église à l'arrivée des Français et s'y étaient renfermées. Les soldats, furieux de ne pouvoir abattre les portes, entrèrent dans la sacristie, et, trouvant solidement attachée la porte qui ouvre sur l'église, tirèrent des coups de fusil dans la serrure, espérant la faire sauter. La serrure n'ayant pas cédé, les soldats montèrent au nombre de trois sur la toiture, d'où, en brisant une petite fenêtre, ils se laissèrent glisser dans l'église et en ouvrirent les portes à leurs camarades. L'église fut bientôt envahie par les grenadiers qu'accompagnaient deux soldats à cheval; les femmes épouvantées jetaient des cris lamentables, mais il leur fallut, au milieu des évanouissements et des brutalités de toutes sortes, livrer tout ce qu'elles avaient emporté avec elles de précieux. Après quoi les Français firent main basse sur trois calices, deux ciboires, des galons et des franges d'or, tout le linge sacré, et brisèrent les troncs. »

Trolard. De Montenotte au Pont d'Arcole, p. 130.

Tout cela est admis par les généraux. Le général de Marbot estime qu'une armée qui vit sur le pays y gagne en rapidité :

« Les armées de Napoléon, une fois qu'elles étaient en campagne, ne recevaient de distributions que fort rarement, chacun vivant sur le pays comme il pouvait. Cette méthode avait un avantage immense, celui de nous permettre de pousser toujours en avant, sans être embarrassés de convois et de magasins, et ceci nous donnait une très grande supériorité sur les ennemis, dont tous les mouvements étaient subordonnés à la cuisson ou à l'arrivée du pain, ainsi qu'à la marche des troupeaux de bœufs, etc. »

Général Marbot. Mémoires, t. I, p. 289.

Ce qu'il y a de certain, c'est que les armées de la Révolution et de l'Empire ne manquaient pas d'or, loin de là :

« J'étais logé à l'*Hôtel du Sauvage*, à Bâle, lorsque des soldats de l'armée de Moreau, en retraite, y arrivèrent cousus d'or, mais les pieds nus, enveloppés de guenilles, tout en faisant des repas où le vin de Champagne et la bonne chère contrastaient avec le délabrement de leur équipage. »

FAUCHE-BOREL. *Mémoires*, t. II, p. 60.

« La cavalerie des mamelucks a montré une grande bravoure : ils défendaient leurs fortunes, et il n'y a pas un d'eux sur lequel nos soldats n'aient trouvé 3, 4 et 500 louis d'or. »

*Rapport de Bonaparte au Directoire.*
GÉNÉRAL BOURRIENNE. *Mémoires*, t, II, p. 358,

« A Malo-Jaroslavetz... notre camp ne ressemblait plus à une armée, mais bien à une grande foire où les militaires, métamorphosés en marchands, vendaient, à vil prix, les choses les plus précieuses ; quoique campés dans les champs, exposés aux injures de l'air, par un contraste singulier, ils mangeaient dans des assiettes de porcelaine, buvaient dans des vases d'argent, et possédaient tout ce que le luxe avait imaginé de plus riche et de plus élégant pour les commodités de la vie. »

COMMANDANT LABAUME. *Campagne de Russie*, p. 228.

« A Kœnigsberg, on s'empressa de vendre les pierreries et autres objets précieux que l'on avait rapportés de Moscou, et la valeur en était si considérable, que tout l'or de la ville fut bientôt enlevé, quoique les habitants profitassent de tous les moyens pour abuser de notre situation. »

DE FEZENSAC. *Journal*, p. 168.

Voyons donc comment les soldats français se procuraient cet or et ces richesses !

« En 1794... Beaucoup de soldats, sous prétexte d'aller chercher des vivres, prenaient du butin et autres effets ; d'autres déshonoraient l'armée française par tous les crimes possibles. Petit à petit ils se familiarisaient avec le vol...

« Le brigandage faisait toujours des progrès : le vol, le viol et l'assassinat étaient commis tous les jours par des scélérats qui infestaient l'armée. »

BRICARD. (*Journal du Canonnier*), p. 207 et 217.

« Dites à ceux qui veulent voir Rome qu'ils se hâtent; car chaque jour le fer du soldat et la serre des agents français flétrissent ses beautés naturelles et la dépouillent de sa parure...

« ... Il ne reste à Rome que ceux qui n'ont pu fuir, ou qui, le poignard à la main, cherchent encore, dans les haillons d'un peuple mourant de faim, quelque pièce échappée à tant d'extorsions et de rapines... Tout ce qui était aux Chartreux, à la villa Alboni, chez les Farnèse, les Onesti, au musée Clémentin, au Capitole, est emporté, pillé, perdu ou vendu. »

P.-L. COURIER. *Lettre à M. Chlewaski*, 8 janvier 1799.

« Mysziviec, 1er février 1807. — Il vient d'être rendu compte à M. le Maréchal Davout, qu'il y avait une foule de traîneaux à la suite de chaque régiment. Les soldats, en prenant ainsi tous les chevaux et toutes les voitures qui se trouvent dans les villages où ils passent, enlèvent à l'armée tous les moyens de transports pour les différents services. »

1806-1807. *Lettre du général Hervo au général Morand.*

« J'ai été fort surpris de retrouver Burgos comme elle devait être autrefois; l'ayant vue au moment de la prise, du sac et de l'incendie, toutes les maisons désertes, les meubles au milieu des places, les boutiques occupées par ceux des Français qui se trouvaient être du même état et qui distribuaient gratis les marchandises, les soldats s'étant établis au bivouac avec des meubles précieux, des canapés, des pianos, des lits à rideaux, et le feu qu'on laissait péniblement dévorer plusieurs quartiers sans avoir l'air de s'en apercevoir. »

DUC DE SAINT-SIMON (1) (*Carnet de Campagne du*).

« Le 17 juin 1808, la division Dupont, forte d'environ neuf mille hommes de toutes armes, partit d'Andujar...

_______

(1) *Carnet historique et littéraire*, année 1899, p. 444.

Notre petite armée avait plus de bagages qu'une armée de
cent cinquante mille hommes. De simples capitaines et des
civils assimilés à ce grade avaient des carrosses à quatre
mules. On comptait au moins cinquante chariots par bataillon : c'étaient les dépouilles de la ville de Cordova. »

LARCHEY. Suites d'une capitulation, p. 1.

« Quel trône nous laissons au malheureux Joseph! La
ville en partie brûlée, les villages entièrement, les troupeaux,
les chevaux détruits, enlevés, tous les instruments de labou-
rage, de tisserands, de cordiers, etc... brûlés, parce que le
bois est plus sec et qu'il est plus vite fait de brûler les
meubles que d'abattre du bois; les églises toutes pillées et
souillées; voilà ce qui reste du royaume, excepté l'Andalousie, où nous n'avons pas encore été. »

DUC DE SAINT-SIMON (1) (Carnet de Campagne du).

« En passant à Enns, je fus témoin d'une grande colère du
général Vandamme; il fit fusiller, à la sortie de la ville, à la
tête de sa division, un traînard qui venait de rejoindre, son
havresac plein d'argenterie volée; s'il avait usé de la même
rigueur envers tous les voleurs de sa division, il ne lui
serait pas resté assez d'hommes pour composer une escorte.»

COLONEL PION DES LOCHES. Mes Campagnes, p. 148.

« La Bavière, que nous venions de délivrer des Autrichiens (1806), fut pillée et souffrit plus que l'Autriche. Partout les malheureux paysans abandonnaient leurs habita-
tions, les soldats pillaient, cassaient les meubles, les
transportaient dans les camps, où l'on voyait des lits, des
matelats, des fauteuils, des canapés, des glaces; ils brûlaient
les maisons, portant partout le fer et le feu. »

COLONEL PION DES LOCHES. Mes Campagnes, p. 169.

« A Moscou... Un soir nous eûmes l'ordre de faire un
contre appel; il fut fait à dix heures. Il manquait dix-huit
hommes, le reste de la compagnie dormait tranquillement
dans la salle de billard : ils étaient couchés sur des riches
fourrures de martre, de zibeline, de peaux de lion, de renard

---

(1) Carnet historique et littéraire, année 1899, p. 432.

et d'ours; une partie avait la tête enveloppée de riches ca-
chemires qui formaient un immense turban, de sorte que,
dans cette situation, ils ressemblaient à des sultans. J'avais
prolongé mon appel jusqu'à 11 heures à cause des absents
pour ne pas les porter manquants. Un instant après, ceux
qui manquaient à l'appel rentraient chargés de tout ce que
l'on peut imaginer de beau et de riche; parmi les objets les
plus remarquables qu'ils rapportèrent, il se trouvait plusieurs
plaques en argent avec des dessins en relief; ils apportaient
aussi chacun un lingot de même métal de la longueur et de
la grosseur d'une brique; le reste consistait en parures,
schalls des Indes, étoffes en soie tissues d'or et d'argent.
Ils me demandèrent la permission de faire deux autres voya-
ges... Je la leur accordai; un caporal les accompagna. Il
est bon de savoir que sur tous les objets qui avaient échappé
à l'incendie, nous autres, sous-officiers, nous prélevions
toujours un droit de 20 pour 100, au moins. »

BOURGOGNE. *Mémoires*, p. 49.


« Le jour de l'incendie de Moscou, à onze heures du soir,
nous entendîmes crier dans les jardins; c'étaient nos soldats
qui dévalisaient les dames de leurs châles et de leurs boucles
d'oreilles. »

COIGNET. (*Cahiers du Capitaine*), p. 325.


« Le prince d'Eckmühl, commandant l'arrière-garde,
était chargé de mettre partout le feu, et jamais ordre ne fut
exécuté avec plus d'exactitude et même de scrupule. Des
détachements envoyés à droite et à gauche de la route incen-
diaient les châteaux et les villages, à d'aussi grandes dis-
tances que le permettait la poursuite de l'ennemi. »

DE FEZENSAC. *Journal*, p. 73.


« Moscou, 1er octobre 1812... On a établi des fourneaux
dans l'église et commencé la fusion des lames d'argent qui
lambrissaient l'église du Palais. »

BARON PEYRUSSE. *Mémorial*, p. 107.


« Le seul gué accessible du Vop s'obstrue tellement qu'il
devient impraticable pour l'artillerie et pour tout le reste des
équipages. Situation d'autant plus déplorable qu'elle nous
forçait d'abandonner cent pièces de canon, grand nombre

de caissons, et quantité de charrettes et de fourgons... A plus d'une lieue de distance, on ne voyait que caissons et pièces d'artillerie ; les calèches les plus élégantes, venues de Moscou, se trouvaient entassées sur la route et le long de la rivière. Les objets arrachés de ces voitures, mais trop lourds pour être emportés, avaient été répandus dans la campagne ; tous ces débris épars sur la neige n'en ressortaient que mieux. On y voyait des candélabres d'un grand prix, des figures de bronze antiques, des tableaux originaux, les porcelaines les plus riches et les plus estimées. »

COMMANDANT LABAUME. *Campagne de Russie*, p. 311-315.

Le viol accompagnait le vol :

« Les soldats, les vivandiers, les forçats et les prostituées, courant les rues [de Moscou], pénétraient dans les palais déserts et en arrachaient tout ce qui pouvait flatter leur cupidité. Les uns se couvraient d'étoffes tissues d'or et de soie ; d'autres mettaient sur leurs épaules, sans choix de discernement, les fourrures les plus estimées ; beaucoup se couvraient de pelisses de femmes et d'enfants... Le reste, allant en foule dans les caves, enfonçait les portes, et, après s'être enivré des vins les plus précieux, emportait d'un pas chancelant son immense butin.

« A tous les excès de l'avarice se mêlèrent toutes les dépravations de la débauche ; ni la noblesse du sang, ni la candeur du jeune âge, ni les larmes de la beauté, ne purent être respectées. »

Commandant LABAUME. *Campagne de Russie*, p. 213.

Voici un exemple entre cent des violences de toutes sortes qui se commettaient. Les huit membres composant la municipalité d'Oneille écrivaient au gouvernement, quelques jours avant l'arrivée de Bonaparte :

« ... Vive la République !... Il est malheureux pour nous que, contrairement aux principes que vous enseignez et qui nous sont également chers, rien n'ait été respecté à Oneille par les soldats... Le respect des personnes a été violé envers une fille de quatorze ans ; cette fille malheureuse, travaillée par la fièvre depuis un mois, couchée dans son lit, est surprise par un officier français et quatre individus qu'elle n'a pas reconnus ; ils entrent avec violence, ils la tiennent de vive force, ils l'empêchent de crier au secours en lui mettant la main sur la bouche ; les uns après les autres abusent de sa faiblesse, attentent à son honneur et la laisse ensuite dans l'état le plus déplorable... Toutes nos propriétés ont été également maltraitées. On a pillé des maisons, enfoncé les portes des jardins et pris tout ce qui pouvait être emporté... L'hôpital a été volé... (1) »

TROLARD. *De Montenotte au Pont d'Arcole*, p. 60.

« A Wels... des cris aigus nous réveillent. Ils venaient de l'étage supérieur. Un de mes collègues et moi, nous y montons avec nos épées, et nous y trouvons la famille du chapelier aux prises avec cinq grenadiers à moitié ivres. L'un avait renversé sur les débris d'une commode une jeune femme grosse qu'il violait ; l'autre faisait la même insulte à la mère, âgée de plus de soixante ans ; tandis que les trois autres contenaient et battaient les deux maris, après les avoir dépouillés. Les malheureux imploraient notre secours ; mais nos remontrances, nos menaces même n'eurent aucun effet sur les grenadiers qui, le sabre à la main, nous dirent que, si nous nous mêlions à cette affaire, ils allaient nous couper en quatre. Il fallut se retirer. »

CADET DE GASSICOURT. *Voyage en Autriche*, p. 67.

Ces façons de procéder nous ont tout l'air d'être de l'essence même de la bravoure. On pourrait tout au moins le croire, en lisant le texte d'une confession, ou chanson de geste du vieux troupier, recueilli par M. Maxime du Camp, de l'Académie française :

« Tu t'es soulé ?
— Oui.
— Tu as fait les cent dix-neuf coups ?
— Oui.
— Tu as chat-pardé ?
— Oui.

. . . . . . . . . . . . . . . . . . . . . . . .

— Tu as été fidèle au drapeau ?
— Oui.

(1) Archives nationales, série AF III, n° 185.

24

— Tu t'es bien battu ?

— Oui.

— Sois en repos, mon vieux; le ciel est fait pour les braves comme toi. En route pour le Paradis !»

Major de Sarrepont. *Chants et chansons militaires de la France.*

De la part de tels hommes, qui peuvent gagner si facilement le Paradis, on devait s'attendre à tout. Et comme ils traitaient les richesses de l'étranger, les femmes de l'étranger, ils traitaient les nègres, même lorsque ceux-ci étaient au service de la France.

« A Saint-Domingue... il y avait dans la garnison du Cap quelques bataillons nègres dont les rangs s'éclaircissaient tous les jours par la désertion. Ils faisaient concevoir des craintes ; d'un autre côté, les renvoyer était ajouter au nombre de nos ennemis ; alors on prétexta une expédition ; on les embarqua ; les navires mirent à la voile, et, à peine au large, chaque homme fut lancé à la mer avec un boulet ramé qu'on avait eu préalablement la précaution d'attacher aux pieds des victimes. Il faut en avoir été soi-même témoin pour croire à de pareilles atrocités.

Lemonnier-Delafosse. *Campagne de Saint-Domingue*, t. I, p. 64.

Quant aux prisonniers... !

« J'ai vu rouer de coups et laisser presque mort un prisonnier autrichien qui avait volé un morceau de pain sur le sac d'un soldat qui dormait. Il était bien excusable cependant, parce qu'on n'avait fait aucune distribution aux prisonniers depuis qu'ils étaient dans l'île [Lobau]. J'en vis qui mangeaient de l'herbe, et d'autres qui râclaient avec un couteau les os de cheval que nos soldats avaient abandonnés après en avoir ôté la viande. »

Frédéric-Masson. *Aventures de guerre*, p. 147.

En présence de toutes ces atrocités, on se demande ce qu'avaient bien pu faire les soldats que l'on était obligé de fusiller, comme ceux-ci : « 24 avril, an IV. — On fusille demain des soldats et un caporal qui ont volé des vases dans une église... Il a été commis des horreurs qui font frémir. »

*Corresp. Napoléon Ier*, t. I, p. 218.

Ou comme ceux dont le général La Harpe écrivait à Bonaparte, le 17 avril, an IV : « Malgré toute ma sévérité, je me
vois dans l'impossibilité de réprimer le pillage. Je vous envoie ma démission, préférant labourer la terre pour vivre, à
me trouver à la tête de gens qui sont pires que n'étaient
autrefois les Vandales. »

TROLARD. *De Montenotte au Pont d'Arcole*, p. 60.

Rien n'était respecté par les soldats français ; ils dépouil-
laient les cadavres, même ceux de leurs généraux :

« Quand on revint dans la maison où on avait laissé le
corps du général Colbert, on le trouva dépouillé, nu comme
un ver : cupidité monstrueuse de nos soldats qui dépouillent souvent leurs chefs quand ils vivent encore. »

DUC DE SAINT-SIMON (1) (*Carnet de Campagne du*)

Ils violaient les tombeaux :

« On nous logea à Burgos, au monastère de Las Huelgas.
Qui n'a pas vu la profanation de l'église de ce superbe monastère, sépulture des anciens rois de Castille ? Qui n'a pas
vu les ossements de ces souverains épars dans l'église ? Les
soldats avaient profané les tombeaux où ils pensaient qu'é-
taient renfermés des trésors.

Colonel PION DES LOCHES. *Mes campagnes*, p. 248.

« On vit même des soldats détruire toutes les tombes et
tous les caveaux construits depuis peu d'années dans les
cimetières situés au nord de la ville [de Hambourg] et assou-
vir leur cupidité en arrachant des cercueils les plaques
d'argent qui les ornaient selon l'usage du pays et en dépouil-
lant les corps des riches étoffes avec lesquelles on a l'habitude de les envelopper,

Général BOURRIENNE. *Mémoires*, t. IX, p. 284.

Et leur perversion était telle qu'ils devenaient anthropo-
phages : le fait est constaté à l'île Lobau par le général de
Marbot, qui le signale dans ses mémoires, et en Russie par
le sergent Bourgogne.

(1) *Carnet historique et littéraire*, année 1899, p. 429.

Ah! Napoléon exprimait une profonde vérité lorsqu'il disait : « Il faudrait une page pour raconter les exploits de chacun de mes soldats. »

Qui sait même si une page aurait pu suffire ?

Nous ne le croyons pas.

Aussi, laisserons-nous volontairement de côté tout ce qui concerne les soldats, les simples soldats.

Nous ne voulons, et pour bien des raisons, nous occuper que des officiers. Ils doivent l'exemple, et ils sont ou prétendent être dans la société actuelle une classe très importante : ne parle-t-on pas de la noblesse de l'épée, de la noblesse de l'épaulette, et, dès qu'il est aujourd'hui question de l'honneur de l'armée, n'est-ce pas le seul corps des officiers qui est spécialement visé ?

Cependant les officiers ne sont pas l'armée ! Ils ne sont dans l'armée qu'une infime minorité ! Pourquoi donc peuvent-ils prétendre qu'ils sont seuls les représentants de l'armée, et pourquoi soutiennent-ils que seuls ils peuvent prendre la parole au nom de l'armée ?

De pareilles exigences sont d'autant plus incompréhensibles, d'autant moins justifiables, que l'officier a reçu une éducation toute particulière qui le met peu à même de connaître l'armée.

Comment donc acquiert-on le titre d'officier ? Nous ne nous occuperons que des officiers de profession, mettant à part les élèves de certaines écoles, qui le sont devenus après avoir, pendant deux ans, suivi un cours de deux heures par semaine, et les dispensés qui, après un examen sommaire et de pure forme, sont transformés en officiers de réserve.

Au collège, après plusieurs années d'études, les jeunes élèves choisissent leur voie, ou plutôt leurs parents leur choisissent une voie. Vers seize ans, les uns optent pour les études classiques ; d'autres se préparent à l'école Centrale, à l'école des Haras ; d'autres enfin, après un stage de quelques mois dans une classe appelée mathématiques élémentaires, ou mathématiques spéciales, se préparent à l'école de Saint-Cyr.

Ces petits jeunes gens, qui ne connaissent absolument rien de la vie, restent enfermés pendant deux ans à l'école de Saint-Cyr, où ils apprennent l'histoire, la géographie, les sciences, etc... Une fois par mois, ils bénéficient d'une sortie qu'ils emploient le plus souvent au Moulin-Rouge ou dans quelque établissement du même acabit.

C'est eux, n'ayant jamais rien vu, n'ayant jamais rien lu, n'ayant jamais vécu, ne sachant rien, tout à fait étrangers aux découvertes de la science moderne, que l'on bombarde alors officiers, que l'on revêt d'un uniforme galonné, à qui l'on fournit une épée. C'est eux qui sont sacrés nos supérieurs, des gens que l'on doit respectueusement saluer, et qui, par le plus extraordinaire des miracles, sont transformés subitement en êtres en quelque sorte surnaturels, représentants d'une chose sacrée. Ils incarnent un symbole, ils sont l'*armée*; sacrilège qui les offense !

Si au moins ces individus, que nous avons vu arriver au régiment sans aucune connaissance acquise, passaient le temps à orner leur intelligence. Mais chacun sait qu'au contraire les jours s'écoulent pour eux dans l'accomplissement des plus mesquines besognes ou dans la plus déplorable oisiveté.

Les officiers font crier un-deux, ou un-deux-trois, ou cinq-six, ils comptent des bidons, des bretelles, ils coupent des boutons mal cousus, passent des revues de pieds, distribuent du saindoux, de l'huile, ils veillent à ce que des hommes s'agitent en cadence. Quand ils se sont employés à ces divers et nobles exercices, qu'ils accomplissent en les accompagnant de jurons variés, ils mangent, boivent, jouent. L'après-midi, ils recommencent; le soir, ils se rendent au café-concert de la garnison.

Et parce qu'ils ont journellement fait tout cela pendant au moins huit ans, de lieutenants ils deviennent capitaines ; et alors, au lieu d'avoir le droit de punir de quatre jours de salle de police, ils peuvent gratifier de huit jours de prison... qui ?

Qui ? Nous, nous les contribuables qui les entretenons, nous, les soldats qui irons à la guerre avec eux, en même temps qu'eux, autant qu'eux (1), mais dans de bien plus mauvaises conditions qu'eux.

A la guerre, les officiers seront à l'honneur, les « hommes » à la peine seulement.

En cas de mobilisation, on donnera au soldat des vêtements qui n'auront pas été faits pour lui, et des chaussures dont les semelles seront probablement de carton ; on l'entourera de courroies, on lui donnera un fusil, un sac très lourd,

(1) Si toutefois nous jugeons à propos d'y aller.

des gamelles, des ustensiles de campement, etc... Quand il aura ses cinquante kilogs sur le dos, on le fera marcher comme une bête; à peine payé, mal nourri, il sera en butte à la fatigue, aux privations de toutes sortes; s'il bronche, on le fusillera; s'il est tué, il y aura, privée de son chef, de son soutien, une famille en deuil... et voilà tout.

Au contraire, en cas de mobilisation, l'officier ne portera rien; il aura moins de fatigue, il sera bien nourri, et des indemnités de campagne et de marche augmenteront son traitement déjà rémunérateur. Si ses hommes se sont bien battus, l'officier verra augmenter le nombre de ses galons, on lui décernera des croix, des honneurs; si par hasard il meurt, il sera un héros, on écrira à sa famille des lettres éplorées, on lui élèvera peut-être une statue, ses enfants seront élevés aux frais de l'Etat, ses filles iront à Saint-Denis, sa veuve aura une pension. Et, quelle que soit leur misère, les héritiers de ceux qu'il aura conduits à la mort contribueront aux frais d'existence et d'instruction de toute sa famille.

Il s'agit de savoir si ces gens-là, qui courraient à la guerre, où nous irions avec eux, beaucoup moins de risques que nous, qui en retireraient des profits variés et indéniables, qui désirent la guerre parce qu'elle améliorera fatalement leur position, alors qu'elle brisera les nôtres, si ces gens qui ont gros traitements, grades, galons, honneurs, à qui il ne manque rien, se conduisent honnêtement à la guerre.

Eh bien ! non !

Voilà ce que nous voulons dire.

Nous voici à peu près dans la même situation que celle où nous nous trouvions lorsqu'il s'agissait des soldats. Notre tâche est énorme, difficile, beaucoup trop vaste, et ici encore il nous aurait fallu des pages, des volumes, si nous avions voulu relater simplement les hauts faits imputables à *des* officiers français.

Au seizième siècle, non contents d'autoriser le pillage, ils y participent.

« Au seizième siècle, si quelques capitaines font pendre les pillards et les meurtriers, le plus grand nombre tolèrent tout, à condition que les soldats leur payent une redevance, un écu par semaine et par homme. »

Dussieux. L'armée en France, t. I, p. 408.

Le pillage semble tellement naturel aux malandrins de cette époque qu'ils le reconnaissent naïvement. Il n'est jusqu'à Sully qui déclare :

« La ville de Ville-Franche en Périgord ayant été forcée, tandis qu'elle parlementait, elle fut entièrement pillée, et j'y gagnai pour ma part une bourse de mille écus en or. »

Mémoires de Sully, livre I<sup>er</sup>.

« En 1580... la ville de Cahors fut entièrement pillée ; ma bonne fortune fit tomber entre mes mains une petite boîte de fer, où je trouvai quatre mille écus en or. »

Id., livre I<sup>er</sup>.

Entre deux batailles, le futur ministre du bon roi Henri ne dédaignait pas de se livrer à un fructueux commerce :

« Je me souviens d'avoir vendu, entre autres, au vicomte de Chartres, six cents écus, un cheval rouan, fleur de pêcher, qui ne m'en avait coûté que quarante. »

Sully. Mémoires, livre II.

Les hauts gradés de l'époque ne reculaient pas devant un assassinat :

« Madame Mathel, courtisée par le connétable de Lesdiguières, avait grande envie de devenir sa femme. Mais elle est déjà mariée avec un marchand de Grenoble. Elle prie un colonel de ses amis de faire disparaître ce mari gênant. Le colonel se rend chez Mathel, et, en plein jour, devant plusieurs témoins, lui brûle la cervelle. L'affaire fait quelque bruit : on arrête le colonel, mais Lesdiguières le délivre, bientôt après la veuve de Mathel devient connétable. »

Giraudeau. Vices du jour et vertus d'autrefois, chap. IV.

Les coureurs de dot ne sont pas d'aujourd'hui :

« 26 avril 1691. — Mademoiselle Piron a épousé ce matin le général marquis de Villars. Ses affaires étaient fort embarrassées, et, avec l'argent qu'il tire de ce mariage, il sauve une terre assez considérable auprès de Mantes. »

Mémoires de Dangeau.

Et si leurs maîtresses ont des bijoux, il est bien juste que ces bijoux servent à quelque chose.

« Le marquis de Létorière vivait avec une actrice de la Comédie-Italienne, Coraline, lorsque cet officier s'éprit d'une de ses camarades, M<sup>lle</sup> Dubois. N'ayant pas d'argent, il n'osait se déclarer à celle-ci ; mais il osa avouer à Coraline son infidélité platonique, et pourquoi elle ne devenait pas effective. Coraline lui dit : « Je vous aime assez pour vous passer cette fantaisie. Voilà mon écrin. Présentez-le lui. » Il accepte son cadeau, va chez la Dubois, qui rejette son cadeau et reçoit avec tendresse son hommage. Mais en sortant de chez elle, il a l'indigne faiblesse de vendre, à son profit, les diamants de Coraline et de s'en vanter comme d'une jolie espièglerie. Cependant il garda ses deux maîtresses, qui l'accablaient de présents et aux dépens desquelles il vivait avec beaucoup de faste. »

DUGAST DE BOIS SAINT-JUST. *Paris, Versailles et les Provinces.*

La dépravation générale des mœurs pendant le règne de Louis XV s'épanouit à merveille chez les officiers.

« Sous Louis XV, les officiers, à l'imitation du maître et de la cour, se livrent au jeu, au luxe et au libertinage. L'indiscipline était générale. Le jeu était défendu : un grand prévôt venant donner l'ordre à des officiers de cesser de jouer, reçoit quatre coups d'épée et manque d'être jeté par la fenêtre.

« On a joué cette année 1746, dit le duc de Luynes, un jeu prodigieux à l'armée. M. de Chalabre, exempt des gardes du corps, a gagné 6,000 louis au trictrac, en moins d'une heure de temps. M. de Rosen a perdu prodigieusement, on parle de 500,000 livres ».

DUSSIEUX. *L'armée en France,* t. II, p. 302.

Saint-Simon est cruel pour certains officiers supérieurs.

« Saint-Simon note que le vieux Bellegarde, officier général, était publiquement entretenu par la femme d'un des premiers magistrats du Parlement; que le maréchal de Montrevel n'avait guère eu d'autres moyens d'existence. Le maréchal de Richelieu, qui en avait pourtant d'autres (1), ne croyait pas devoir négliger les petits profits du même genre, et les moindres lui semblaient acceptables : « ne fut-ce que douze louis, il ne les dédaignait pas », dit la correspondance de Madame ».

GIRAUDEAU. *Vices du jour et vertus d'autrefois*, chap. III.

La Feuillade écrivait à son beau-père (*Recueil Esnault*, t. II, p. 109) : « Le maréchal de Villars vole impunément 1,000 louis d'or par jour ». Et Vendôme (*Mémoires militaires*, t. II, p. 201 : « Quand on est accoutumé à gagner 200,000 écus par campagne, on a bien de la peine à venir dans un pays où il n'y a que des coups à gagner... L'Italie était déjà alarmée de l'arrivée du maréchal de Villars ».

Les rapports du lieutenant de police Réné d'Argenson renferment quelques détails curieux sur les mœurs des officiers : « Citons ce capitaine qui tient un hôtel meublé dans le faubourg Saint-Germain et y mène une si joyeuse existence qu'on est obligé de lui faire dire, par son colonel, d'avoir à déloger ; ce lieutenant de cuirassiers qui se fait entretenir par l'amant de sa sœur ; cet ancien colonel d'infanterie qui jouit d'une pension du roi et l'augmente en faisant plusieurs sortes de métiers, entre autres celui d'enrôleur ; il contribue à l'enlèvement de deux fils de famille appelés Miré, vendus et revendus pour être menés à Dunkerque, d'où ils sont enfin ramenés par ordre du roi ».

« La débauche et l'ivrognerie entraînent les jeunes gens des meilleures familles à de dangereux excès : il est probable qu'à jeun MM. de Dreux et Des Brosses ne se seraient point réunis lâchement pour percer de coups un de leurs camarades ; que M. de Montigny-Colbert n'eût point donné deux coups d'épée à un cocher ; que M. de Longchesne, mousquetaire, MM. de Pardieu et de Palingue se fussent abstenus de commettre les méfaits qui les firent rechercher par la police ».

« Un officier aux gardes, M. de Tavannes, blesse de son épée une femme galante qui ne veut pas le recevoir. La

(1) Les soldats l'avaient surnommé le Premier Maraudeur de France et le Petit Père La Maraude.

seule punition qu'on lui inflige est une réprimande de ses
supérieurs. Un officier du régiment de Champagne, Berthier
de Costelbon, roue de coups un sergent du Châtelet qui lui
présente un billet à ordre ».

P. Cottin, Rapports inédits du lieutenant de police<br>
Réné d'Argenson,, p. 89 et 90.

Pendant la Révolution, les exemples de cruauté abondent,
le vol fleurit.

« En février 1792... Le bataillon des Bouches-du-Rhône
arriva à Antibes quelques jours après le passage du Var; les
officiers de ce bataillon arrêtèrent et pendirent les prêtres de
la ville ».

Général Roguet. Mémoires militaires, t. I, p. 77.

« Lors de la dernière révolution de Modène, les commissaires du gouvernement S... et G... y coururent. Il y existait, dit-on, dans les caisses, 1,200,000 francs. Le versement
opéré dans celle du payeur n'a été, selon ce qu'on m'a
appris, que de 400,000 francs, et le public les accuse l'un et
l'autre d'avoir volé 800,000 francs, conjointement avec
Halles ».

Rapport de Clarke au Directoire. Milan, 7 déc. 1796,<br>
dans Général Bourrienne, Mémoires, t. I, p. 384.

« Avril an IV... On destitue aujourd'hui quatre officiers
pour pillage ».

Corresp. Napoléon ₁er, t. I, p. 223.

« En 1797, dans la campagne d'Italie, à Venise, le généra
eut des Vénitiens tout ce qu'il voulut; il nous avait promis
trois francs par jour, mais les comptes furent bientôt réglés :
il ne donna pas un sou et envoya tout chez lui ».

Cahiers du capitaine Coignet, p. 125.

Des excès souillèrent l'entrée des Français dans l'ancienne
capitale du monde. Masséna fut accusé d'avoir donné le premier exemple. Il fut bientôt imité. On se mit à dépouiller
les palais, les couvents, les riches collections. Des juifs à la
buite de l'armée achetaient à vil prix les magnifiques objets
sue leur livraient les déprédateurs. Le gaspillage fut révol-

tant. Il faut le dire : ce n'étaient pas les officiers subalternes, ni les soldats qui se livraient à ces désordres, c'étaient les officiers supérieurs... Les soldats et les officiers subalternes étaient dans le plus horrible dénûment... Le Directoire rappela Masséna ».

Thiers. Révolution Française, t. IX, p. 387.

« Les dépôts du Mont-de-Piété de Vérone et les marchandises saisies furent délivrés à un fournisseur qui les vendit sur place.

« Délivrés » n'est peut-être pas le mot. Il existait au Mont-de-Piété pour 50 millions de lires de marchandises, et notamment une quantité considérable d'argenterie. Le général Kilmaine institua une commission à qui il fit confier les clefs de l'établissement, en attendant que Bonaparte eût pris une décision sur le sort des dépôts qu'il renfermait. Aussitôt, administrateurs et officiers d'enfoncer les portes et de faire main basse sur les objets les plus précieux. »

Trolard. De Montenotte au Pont d'Arcole, p. 381.

Constatons en passant que les semelles de carton sont bien antérieures à 1870 et que les fournisseurs n'étaient pas d'une probité plus exemplaire que celle des officiers.

En 1792, à Lyon, à Strasbourg, etc., on vit des faits déplorables. On constata les tarifs honteux par lesquels les soumissionnaires des marchés, non surveillés ou d'accord avec les agents du ministère, s'enrichissaient aux dépens de la vie des soldats.

« On trouva des quantités considérables de chemises faites en toile d'emballage, des lots nombreux de chapeaux, et des bas, considérés comme neufs, n'étant même pas en état d'être distribués ; des milliers de pièces de drap avaient été reçues sans aunage, et la largeur qu'elles devaient avoir n'avait même pas été indiquée dans les traités d'achat.

« Quant aux souliers, bien que le prix raisonnable fut de sept livres dix sols, on avait soldé des commandes importantes au taux de douze livres ; pour les uns, les semelles comportaient plus de carton que de cuir ; d'autres étaient collés au lieu d'être cousus, et l'eau en désagrégeait les parties. A l'armée du Nord, après une distribution considérable, les chaussures n'avaient pas résisté à six heures de marche.

« Partout enfin, on acquit la preuve de la cupidité et des malversations des agents du ministère, des fournisseurs et des experts chargés d'apprécier les livraisons. »

B<sup>on</sup> POISSON. L'*Armée et la Garde nationale*, 1789-1794, t. II, p. 118.

Sous l'Empire, citons simplement ces quelques faits :

« A Hambourg, on eut beaucoup à souffrir de la cruauté, de l'avarice et de la barbarie d'un des lieutenants favoris du maréchal Davout. Celui dont je parle avait à son service un valet de chambre chargé d'enlever pour lui chaque jour de jeunes personnes honnêtes, soit par ruse, soit par force. Ces faits sont tellement connus que quiconque demandera à Hambourg de qui je veux parler ici, tout le monde lui dira son nom. »

G<sup>al</sup> BOURRIENNE. *Mémoires*, t. IX, p. 283.

« Un capitaine de voltigeurs du 45<sup>e</sup> de ligne (division Conroux) fut convaincu d'être resté spectateur des excès de sa compagnie dans une habitation de Sarre; d'en avoir expulsé avec violence et voie de fait un gendarme qui s'y était porté d'office pour y ramener l'ordre... »

LAPÈRE. *Campagnes*, p. 126.

« Nos troupes saisirent un courrier de la poste aux lettres autrichienne... Dans beaucoup de paquets de commerce se montrèrent des assignats viennois. Tous les officiers qui en trouvèrent en firent présent aux domestiques de l'Empereur. Un seul de nous, un jeune officier d'ordonnance, ouvrit une lettre qui renfermait pour six mille florins de papier monnaie; il les mit froidement dans sa poche en disant : « Voilà une bonne journée pour moi ! » J'ai depuis, beaucoup observé ce jeune homme, et j'ai reconnu que ses qualités ne répondaient ni à son grade, ni à son rang. »

CADET DE GASSICOURT. *Voyage en Autriche*, p. 239.

« Lors de l'incendie de Moscou... sur la route du château de Petrowski, un poste gardait la porte, et un officier qui le commandait, ne pouvant aller piller, mettait un impôt sur tous les soldats qui sortaient avec du butin. Il croyait se faire honneur en me montrant son corps de garde rempli de bouteilles de vin et de corbeilles d'œufs. Tous ses soldats étaient ivres-morts, et lui-même, pensant pouvoir donner l'exemple, ne pouvait se tenir debout. »

Colonel PION DES LOCHES. *Mes Campagnes*, p. 302.

« A Moscou... je fus employé comme adjoint, avec deux camarades, auprès d'un colonel d'état-major, pour l'évacuation des hôpitaux. Nous étions logés chez une princesse, tous les quatre avec nos chevaux et nos domestiques ; le colonel en avait trois pour lui seul et il savait les employer. Il nous envoyait dans les hôpitaux pour faire évacuer les malades, mais lui jamais. Il restait pour faire ses affaires ; il partait le soir avec trois domestiques munis de bougies ; il savait que les tableaux des églises sont en relief sur une plaque d'argent ; il les faisait décrocher pour en prendre la feuille en argent, mettait tous les saints et saintes dans le creuset et en faisait des lingots ; il vendait ses vols aux juifs pour des billets de banque...

« Un soir, le colonel nous fit voir ses emplettes ou des vols, car il était toujours en route avec ses trois domestiques ; il nous fit voir de belles fourrures en renard de Sibérie. J'eus l'imprudence de lui montrer la mienne, et il exigea de moi de la changer pour une de renard de Sibérie ; la mienne était de zibeline, mais il fallut céder : je craignais sa vengeance. Il eut la barbarie de m'en dépouiller pour la vendre au prince Murat trois mille francs. »

*Cahiers du capitaine Coignet*, p. 326.

Le général S... (1), général de brigade employé au 7e corps, était tellement décrié sous le rapport de la probité qu'aucun des officiers généraux ne frayait avec lui.

Gal MARBOT. *Mémoires*, t. I, p. 205.

Le 2 juin 1817, Napoléon dit, à propos d'un article d'une gazette d'Europe sur le général X... « Il m'a proposé d'aller à Gand espionner le roi ; je l'ai refusé. Je voulais le faire fusiller pour ses pillages à la Guadeloupe : j'aurais bien fait. »

MONTHOLON. *Captivité de Napoléon*, t. II, p. 130.

(1) Sarrazin ?

Le 23 juin 1809, dans une longue lettre, Joseph dit à Napoléon : « Votre Majesté ne se doute pas que, depuis plus d'un mois, je fais poursuivre dans les montagnes, sur les frontières de la Castille et de l'Estramadure, par des détachements, des troupeaux de 7 à 8,000 mérinos conduits par nos soldats du 1er corps d'armée devenus bergers pour le compte de quelques généraux qui les dérobent ainsi à leurs drapeaux et les mérinos à leurs propriétaires. »

Du Casse. Supplément à la Correspondance de Napoléon 1er,<br>note, p. 127.

Il aurait fallu des événements extraordinaires pour interrompre la partie de cartes de ces messieurs.

« Nous eûmes le spectacle affreux (1) de l'agonie d'un soldat français au service d'Espagne. Le maréchal était dans une chaumière et son escorte et nous au bivouac, sur la place qui était très petite ; il y avait devant un feu éteint ce malheureux, qui avait plusieurs blessures très graves ; je le questionnai cependant et il me répondit tout juste. Il était là depuis cinq jours sans secours ni nourriture ; je lui amenai le chirurgien qui lui trouva le tétanos et le jugea sans ressource, de sorte qu'il resta agonisant au milieu des hussards qui faisaient leur soupe, de nous qui riions en faisant un 30 et 40. Le lendemain il était mort. »

Duc de Saint-Simon (2) (Carnet de campagne du).

De plus, les officiers ont toujours eu grand soin de leur petite personne.

---

(1) En 1851, la cruauté de ces braves trouva amplement à se satisfaire. La nuit du 4 au 5 décembre 1851 fut, sur plusieurs points, une véritable orgie : le citoyen Domingé, ex-membre de l'Université, vit de ses yeux les lanciers boire et s'enivrer sur les boulevards à côté de mares de sang et de débris humains qu'on n'avait pas encore enlevés... Un officier de tirailleurs de Vincennes, ivre-mort, brandissait son sabre en demandant des socialistes à exterminer. — Schœlcher. Histoire des crimes du 2 décembre, t. I, p. 287.

Le même jour... des soldats dispersaient les passants les plus inoffensifs sans cependant chercher à blesser les femmes quand un officier de spahis qui se trouvait là leur cria : « Vous n'y entendez rien, ce n'est pas ça ; tirez aux femmes, tirez aux femmes ! » — Id. t. I, p. 293.

(2) Carnet historique et littéraire, année 1889, p. 248.

« La plupart des officiers d'ordonnance et des aides de camp du prince de Wagram sont les Geais de l'armée, obtenant les faveurs que l'on doit à d'autres, gagnant des cordons et des majorats pour avoir porté quelques lettres dans les camps, sans avoir vu l'ennemi, insultant par leur luxe à la modeste fortune des plus braves officiers, pensant beaucoup à leur toilette, et plus fats au milieu des batailles que dans le boudoir de leurs maîtresses. J'en ai vu dont la giberne en vermeil était un petit nécessaire complet, et contenait, au lieu de cartouches, des flacons d'odeur, des brosses, un miroir, un gratte langue, un peigne d'écaille ; il n'y manquait que le pot à rouge. Ces brillants officiers sont en général insolents, ignorants et libertins. » (1).

Cadet DE GASSICOURT. *Voyage en Autriche*, p. 266.

Les officiers n'étaient jamais satisfaits. Et cependant, les dotations dont les combla Napoléon Ier, étaient loin d'être sans importance.

« Pour les trente-et-un duchés et principautés que Napoléon érigea, les dotations varient de 1.254.945 francs de rente (Berthier, prince de Neufchâtel et de Wagram, ayant de plus les revenus de Neufchâtel, dont il était le souverain) à 80.000 francs de rente. (Decrès, Junot, Macdonald). Un seul, Kellermann, n'a que 55.000 francs de rente.

« La malhonnêteté était générale, et, comme une cuisinière fait danser l'anse du panier, l'entourage de Napoléon Ier s'enrichissait par les procédés les plus hardis.

« Après Waterloo, et avant le départ pour Rochefort... deux vols inexplicables eurent lieu à l'Élysée. Une caisse de tabatières à portraits enrichis de diamants, et qu'on venait d'apporter de la part du grand chambellan, fut déposée par le général Bertrand, sur la cheminée de son salon. Pendant quelques instants qu'il s'approcha d'une fenêtre avec le messager de M. de Montesquieu, une seule personne était

---

(1) Déjà, en 1750, les officiers se fardent de blanc, de rouge, mettent des mouches et se rendent tellement esclaves de leurs figures qu'ils craignent de gâter leur beau teint au soleil et n'osent même tourner la tête, crainte de déranger leur coiffure*. On ne s'étonnera plus de ce que les Prussiens aient trouvé tant d'eau de Cologne dans le camp de M. de Soubise. — Dussieux. *L'armée en France*, t. II, p. 302.

* Prosper de Siouville, capitaine d'infanterie. *Œuvres*, 1756, t. I, p. 27.

entrée ; la caisse avait disparu lorsque le général Bertrand voulut la reprendre.

« Mais ce n'est rien en comparaison de ce qui arriva à l'Empereur lui-même. Un de ses ministres lui avait apporté plusieurs millions de valeurs négociables, actions de canaux et délégations de coupes de bois. L'Empereur, après les avoir comptées, les avait déposées, avec leur bordereau de remise, sous l'un des coussins de son canapé. A ce ministre succéda un homme que l'Empereur avait l'habitude de recevoir dans son cabinet depuis les campagnes d'Italie et que les hautes fonctions qu'il a remplies mettent à l'abri de toute accusation. Personne autre n'entra dans le cabinet jusqu'au moment où l'Empereur, voulant renfermer dans un bureau les liasses de valeur, s'aperçut qu'on y avait touché et qu'elles étaient incomplètes. Quinze cent mille francs manquaient. Qui les avait pris ? Même mystère que pour les diamants. »

Général Montholon. *Captivité de Napoléon*, t. I, chap. I.

Nous aurions pu citer des milliers de faits semblables. Certes, ils sont intéressants et jettent un jour singulier sur les héros du premier Empire, mais, nous le répétons une fois de plus, notre tâche aurait été beaucoup trop vaste, et puis la lecture d'une pareille série de forfaits aurait peut-être fini par paraître fastidieuse.

Ce sont des noms qu'il nous faut. Pour intéressants qu'ils soient, les méfaits anonymes ne nous satisfont pas.

Il ne nous suffit pas d'apprendre ce que peuvent faire certains officiers : nous voulons connaître ce dont sont capables les maréchaux, les généraux qui s'érigent aujourd'hui en bronze sur les places publiques, dont on donne aux grandes voies les noms, que l'on cite comme des exemples. Nous voulons savoir la conduite qu'ont menée ces héros, leurs façons de procéder vis-à-vis de leurs soldats ou des ennemis, nous voulons savoir surtout comment ils se sont enrichis.

Et, pour arriver à ce but, notre façon de procéder sera excessivement simple.

Nous citerons, sans commentaires, des faits ; nous donnerons des exemples qui suffiront au lecteur intelligent pour en tirer immédiatement une règle générale. Et nos exemples seront souvent des aveux, car nous les prendrons dans la correspondance de Napoléon Ier, dans les souvenirs de ses généraux, dans les mémoires de l'époque, dans les ouvrages historiques qui relatent l'histoire de la Révolution et de l'Empire.

Ce n'est ni dans des romans, ni dans des pamphlets que nous recueillerons nos extraits, mais dans des ouvrages historiques, authentiques, irréfutables. Les auteurs que nous citerons sont des gens qui ont vu les faits dont ils parlent, ce sont des témoins, ou des complices.

Prévoyant une trop facile objection, nous ne citerons que des auteurs uniquement français.

Ah! l'ouvrage jettera un jour singulier sur nos glorieux porte-épée : empanachés, zébrés de galons, revêtus d'habillements et de rubans multicolores, ils avaient, pour piller, voler, violer, plus de facilités que les soldats; ils en abusaient en faisant pis qu'eux.

Qu'on ne nous accuse pas de déterrer des cadavres. Certains nobles, certains officiers s'abritent aujourd'hui derrière les noms d'officiers du premier Empire dont ils se vantent d'être les descendants : ils s'élèvent, croient-ils, au-dessus du vulgaire pour ce seul motif, et ils ont toujours à la bouche leurs glorieux ancêtres. Eh! bien, nous verrons ce que ces glorieux ancêtres avaient dans le ventre, nous indiquerons leurs façons de procéder, nous montrerons comment et où ils ont acquis leur gloire, leurs honneurs, leurs décorations, leurs titres, leurs richesses.

Que n'auraient-ils pas fait pour se procurer de l'or! Tout moyen leur était bon, pourvu qu'il les enrichit.

A leur avarice ne le cédait en rien leur égoïsme. De même que, on en verra des exemples, ils s'attribuaient fort souvent les mérites de leurs collègues, de même ils se laissaient mutuellement écraser, n'ayant qu'un but, se faire valoir après la défaite du voisin.

« C'est Ney, encombré d'artillerie, et refusant quelques batteries à Soult qui à Oporto avait perdu toutes ses pièces; ce sont Dorsenne et Marmont ne négligeant aucune occasion de se nuire mutuellement; c'est Soult qui ne se porte pas à Soutarens afin d'empêcher Masséna de conquérir le Portugal dont lui, Soult, avait été honteusement chassé. »

GÉNÉRAL THIÉBAULT. *Mémoires*, t. III, p. 50.

« Le général Saint-Cyr fut sur le point d'être écrasé en Catalogne, sans que le maréchal Suchet, gouverneur d'Aragon et de Valence, consentît à lui envoyer un seul bataillon. Le maréchal Soult fut abandonné seul dans Oporto sans que le maréchal Victor exécutât l'ordre qu'il avait reçu d'aller le rejoindre. Soult, à son tour, refusa plus tard de venir au secours de Masséna lorsque celui-ci était aux portes de Lisbonne, où il l'attendit vainement pendant six mois.

« Enfin Masséna ne put obtenir que Bessières l'aidât à battre les Anglais devant Almeido. »

GÉNÉRAL MARBOT. *Mémoires*, t. II, p. 480.

Qu'on ne nous dise pas que ce sont des exceptions que nous citons : nous aurions pu augmenter considérablement ce volume, où nous avons fait figurer presque tous les Maréchaux. Que serait-ce si nous avions voulu consulter les archives du ministère de la guerre : que d'abominations encore inconnues nous auraient été révélées !

Il y aurait des volumes à écrire sur la bêtise, la lâcheté de certains généraux, sur les jugements par ordre, sur les exécutions sans jugement. -

Nous nous contenterons aujourd'hui des quelques extraits que nous avons recueillis.

A un émigré qui lui reprochait son origine, un maréchal du premier Empire répondait : « C'est nous qui sommes des aïeux ! »

Au lecteur de réfléchir, et, voyant ce qu'étaient les maréchaux français, les généraux de France, au lecteur de les juger.

HENRI CHAPOUTOT.

# LES MARÉCHAUX

# LES MARÉCHAUX

## Le Maréchal AUGEREAU (1)

Augereau était d'un an plus âgé que Masséna, c'est-à-dire qu'il avait trente-neuf ans en 1796. Sa vie avait été celle d'un aventurier mauvais sujet. Soldat en France et déserteur, soldat en Autriche, en Espagne, en Portugal, et déserteur de ces services, soldat à Naples et ensuite maître d'armes, la Révolution l'avait rappelé en France.

(Maréchal MARMONT, Mémoires, t. I, p. 148.)

Sa mise était souvent celle d'un charlatan.

(Maréchal MARMONT, Mémoires, t. I, p. 149.)

La taille, les manières, les paroles d'Augereau lui donnaient l'air d'un bravache; ce qu'il était bien loin d'être quand une fois il se trouva gorgé d'honneurs et de richesses, lesquelles d'ailleurs il s'adjugeait de toutes mains et de toutes manières.

(Mémorial de Sainte-Hélène, t. I, p. 364.)

Bonaparte, tout en élevant les hommes, avait soin de se procurer des armes contre eux à l'aide desquelles il pût les perdre à la moindre marque d'ingratitude ou de désir d'indépendance de leur part. Il fit savoir à

_________

(1) Duc de Castiglione.

Augereau qu'il avait la preuve d'un vol considérable de chevaux dont ce général s'était rendu coupable. Il avait fait pis à Masséna : il avait fait enlever une somme de 310,077 francs que Masséna avait cachée chez des curés aux environs du Mantouan.

(Adjudant-général LANDRIEUX, *Mémoires*, t. I, p. 115, note.)

Le général Augereau, rentré de Paris où il était allé porter les drapeaux de Mantoue, arrive à Vérone pour prendre le commandement que Landrieux y exerçait par intérim. Deux jours après (30 floréal), Mme Pellegrini, restée dépositaire des collections du palais Bevilaqua, écrivait à Kilmaine : « Vous avez été bien mal avisé, mon cher général, de ne pas faire marcher devant vous le médaillier Bevilaqua. Augereau est venu voir les statues ; il a demandé ce qu'il y avait dans les commodes du médaillier, et le cicerone les lui a ouvertes. Augereau a ri à grands éclats, à la vue de ces vieilles pièces d'un sol, disait-il, qu'on avait encadrées avec tant de soin. Passe encore s'il s'en fût tenu là ; mais il a mis toutes celles en or ou en argent dans ses poches, excepté une de Rodolphe qu'il prétend ne pas être de bon or, et qu'il a donnée à son aide de camp. Il a fait prendre tout le reste (les pièces en cuivre argenté) par un officier qui a rempli deux mouchoirs, pour distribuer, dit-il, aux soldats, s'ils en veulent. »

(Adjudant-général LANDRIEUX, *Mémoires*, chap. XLIV.)

Lors d'un inventaire d'objets déposés au Mont-de-Piété de Vérone... un capitaine attaché à l'état-major du général Augereau faisait chaque jour l'enlèvement d'objets de vaisselle en argent, disant que c'était pour le service de son général ; on n'osait rien dire, mais il fallait faire d'autres écritures pour qu'elles présentassent une sorte de régularité.

Le bruit de ces nouvelles extorsions arriva aux oreilles de Bonaparte qui en fut indigné. Il donna l'ordre de se transporter chez le général Augereau et d'exiger la remise immédiate des objets dont s'agissait. Refus formel, accompagné de la menace de faire jeter l'envoyé du général par la fenêtre s'il ne se retirait à l'instant.

En apprenant le refus d'Augereau d'obéir à ses ordres, Bonaparte entra en fureur : « Les brigands, s'écriait-il, ils voleraient en plein midi! »

Nouvel ordre formel. Le général Augereau cette fois n'osa pas refuser de déférer à l'ordre du général en chef. Il rendit le dépôt, mais il le fit avec peu d'aménité, car lorsque le paquet fut remis au secrétaire de Rochejean, celui-ci eut à essuyer les plus vives injures de la part du général, qui, ne s'en tenant pas aux paroles, faillit lui casser les jambes en renversant brusquement la table sur laquelle il s'était appuyé pour donner un récépissé de la remise qui lui était faite. La proie qu'Augereau lâchait avec tant de peine était digne à la vérité d'exciter des regrets, car le paquet contenait des objets dont la valeur fut estimée à 5 ou 600,000 francs.

(Général BOURRIENNE, Mémoires, t. V, p. 357.)

En 1807, le maréchal Augereau reçoit de Napoléon I<sup>er</sup> 200,000 francs en argent et 200,000 francs en rentes sur l'Etat.

(Correspondance de Napoléon I<sup>er</sup>, t. XVI, p. 53.)

Augereau, après avoir touché pendant vingt ans les appointements de général en chef ou de maréchal, avoir joui pendant sept ans d'une dotation de deux cent mille francs et du traitement de vingt-cinq mille francs sur la Légion d'honneur, n'a laissé à sa mort que quarante-huit mille francs de rente.

(Général baron MARBOT, Mémoires, t. I, p. 189.)

Au moment où l'armée évacuait dans le Tyrol, Bonaparte donna l'ordre à l'adjudant-général Landrieux, chef du service secret, de faire une enquête sur la vente de 160 chevaux appartenant à l'armée.

Les 160 chevaux avaient été pris par le 13<sup>e</sup> dragons sur un régiment autrichien à Porto-Legnago, et vendus à des juifs vénitiens, pour le compte personnel, dit l'enquête, du général Augereau, qui en avait tiré la somme de 60,000 francs.

(TROLARD, De Montenotte au Pont d'Arcole, p. 64.)

La résistance désespérée du général autrichien Provera, dans le Castello de Cosseria, infligea aux troupes de la division Augereau des pertes sensibles. Augereau, furieux de cette hécatombe des siens, refusa de l'eau pour les blessés de Provera. Bonaparte, instruit du fait par Provera lui-même, leva l'ordre d'Augereau et fit adresser à celui-ci, pour cet acte d'inhumanité, un blâme violent.

(Trolard, De Montenotte au Pont d'Arcole, p. 42.)

## Le Maréchal BERNADOTTE (1)

Le maréchal Bernadotte manqua à tous ses devoirs le jour d'Iéna; il s'était tenu à l'écart pendant que le maréchal Davout combattait non loin de lui contre des forces infiniment supérieures.

(Général Marbot, Mémoires, t. I, p. 313.)

Porté sur les marches d'un trône par la gloire qu'il avait acquise à la tête des troupes françaises, il se montra ingrat envers sa patrie.

(Général Marbot, Mémoires, t. I, p. 315.)

L'immense étendue de côtes des pays conquis ne permettant pas de les faire exactement surveiller par des douaniers, ce service était fait par des soldats placés sous les ordres des généraux chargés du commandement du royaume ou de la province occupés par nos troupes. Il suffisait donc d'une autorisation donnée par l'un d'eux, pour faire passer les ballots de marchandises; puis les négociants traitaient avec le protecteur. On appela cela une licence.

L'origine de ce nouveau genre de commerce remontait à 1806, époque à laquelle Bernadotte occupait Hambourg et une partie du Danemark. Le maréchal gagna de la sorte des sommes considérables.

(Général Marbot, Mémoires, t. III, p. 17.)

(1) Il devint roi de Suède et de Norvège sous le nom de Charles-Jean XIV.

En 1807, le maréchal Bernadotte reçoit de Napoléon I$^{er}$ 200,000 francs en argent et 200,000 francs en rentes sur l'Etat.

*(Correspondance de Napoléon I$^{er}$, t. XVI, p. 53.)*

Après la bataille de Lützen, il rejoignit les alliés à la tête de 30,000 Suédois. Son arrivée nous fut fatale, et c'est en partie à son habileté et à son expérience que doivent être attribués la perte de la bataille de Leipzig et la plupart des revers qui marquèrent la campagne de 1813.

*(LALANNE, Dictionnaire historique de la France.)*

N'est-ce pas pendant la bataille de Leipzig que l'on prétend que Bernadotte a pu dire, en faisant continuer le feu d'une de ses batteries : « Encore quelques coups à mitraille sur ces Français que j'aime tant. » Mot horrible, et dont l'horreur s'augmente encore de l'accent gascon inconscient et léger avec lequel il eût été dit.

*(Général THIÉBAULT, Mémoires, t. V, p. 187.)*

## Le Maréchal BERTHIER (1)

Un soir de mélancolie, le général Kilmaine s'amusa à rédiger ironiquement l'état des avantages retirés par Berthier de ses campagnes d'Italie.

Voici ce curieux document :

| | |
|---|---:|
| Partagé avec Masséna la contribution par Livourne, montant à 300,000 francs, ci. . . . | 150.000 |
| Partagé avec Masséna la levée des deniers faite au compte de ce dernier par le Bolonais et le Ferrarais, montant à 293,000, moitié, ci. . . . | 146.000 |
| Partagé avec Masséna les deniers levés dans le Piémont et le Milanais, 34,000 sequins à 12 francs pièce, moitié. . . . . . . . . . . . | 204.000 |
| Versé à Milan pour gratification recommandée par Bonaparte à l'administrateur de la Lombardie. . . . . . . . . . . . . . . . . . . . | 1.500.000 |

1) Prince de Wagram, de Neuchâtel et de Valengin.

Total, non compris bijoux, chevaux, voitures, etc. . . . . . . . . . . . . . . . . . . . . . . . . 2.000.000

Sur quoi remboursé à Masséna sa part du fourgon enlevé à Bergoforte par l'ennemi, ledit fourgon renfermant les 34,000 sequins ci-dessus. . . . . . . . . . . . . . . . . . . . . . . 204.000

Reste. . . . . 1.796.000

(Adjudant-général LANDRIEUX, *Mémoires*, Introd., p. 319, note.)

Lorsque l'armée arriva devant Rome, il y eut des pourparlers, dans lesquels le général Berthier demanda 31 millions au pape. Or, l'armée restait convaincue que plusieurs de ces millions, dont on n'a jamais fait ni compte ni mention, avaient été payés.

(Général THIÉBAULT, *Mémoires*, t. II, p. 145, note.)

Berthier portait une espèce de culte à ses amours : à côté de sa tente (en Egypte), il en avait toujours une autre, aussi magnifiquement soignée que le boudoir le plus élégant ; elle était consacrée au portrait de sa maîtresse, auquel il allait jusqu'à brûler parfois des encens. Cette tente s'est dressée même dans les déserts de Syrie.

Berthier n'a jamais cessé dans son amour qui l'a conduit plus d'une fois jusqu'au voisinage de l'idiotisme.

(*Mémorial de Sainte-Hélène*, t. I, p. 262.)

L'Empereur croyait bien avoir donné à Berthier 40 millions dans sa vie.

(*Id.*, p. 263.)

En 1807, le maréchal Berthier reçoit de Napoléon Ier 500,000 francs en argent et 500,000 francs en rentes sur l'Etat.

(*Correspondance de Napoléon Ier*, t. XVI, p. 53.)

Lors du mariage de Murat... Joséphine savait que le célèbre bijoutier Foncier avait chez lui une magnifique collection de perles fines qui avaient, disait-il, appartenu à Marie-Antoinette ; elle se les fit apporter et jugea qu'il y avait de quoi lui faire une très belle parure. Mais, pour en faire l'acquisition, il fallait 250,000 francs,

et comment les avoir? M^{me} Bonaparte eut recours à
Berthier, qui était alors ministre de la Guerre; Berthier,
tout en se rongeant les ongles selon sa coutume, se prêta
à terminer promptement une liquidation de créances
pour les hôpitaux d'Italie, et comme les fournisseurs
liquidés avaient dans ce temps-là beaucoup de reconnaissance pour leurs protecteurs, les perles passèrent
des magasins de Foncier dans l'écrin de M^{me} Bonaparte.

(Général Bourrienne, *Mémoires*, t. III, p. 292.)

Méfiant de sa nature, le prince Berthier craignait toujours qu'on ne le volât. Un jour, entre autres, il entre
dans la cuisine et demande combien il y avait de livres
de viande dans la marmite; quand on le lui eût dit, il
la fit ôter et peser devant lui pour s'assurer que le poids
y était bien et qu'on ne le trompait pas. Or, ce que je
viens de dire n'est pas un fait isolé, une boutade d'un
jour : de pareilles scènes se renouvelaient assez souvent.

(Mademoiselle Avrillon, *Mémoires*, t. II, p. 26.)

# Le Maréchal BESSIÈRES (1)

Un jour, à son coucher (2), l'Empereur me dit :
« Roustam, as-tu vu le maréchal Bessières?» Je lui dis :
« Non, Sire, je ne l'ai pas vu aujourd'hui. » Et il me
dit : « Je lui ai donné quelque chose pour toi. » Le lendemain, le maréchal Bessières m'a remis une inscription de 500 livres de rente en perpétuel, en me disant
que c'était de la part de l'Empereur.

Quand nous sommes retournés à Saint-Cloud, l'Empereur était à se promener dans l'Orangerie. Il me dit :
« Eh! bien, Roustam, as-tu vu Bessières? » Je lui dis :
« Oui, Sire, je vous remercie, il m'a donné un billet de
500 livres de rente. » Il me dit : « Tu ne sais pas les
compter. C'est bien plus que ça. » Je lui dis : « Je vous

(1) Duc d'Istrie.
(2) A la Malmaison.

demande pardon, Sire, je sais bien compter, il n'y a pas
plus que 500 livres de rente. » Il me dit : « Ce n'est pas
vrai. Va chercher ton billet, que je le voie. » Le billet
était dans ma chambre. J'ai été le chercher. Il a pris la
lecture. Après çà, il me dit : « Tu as raison. » Et il me
rend le billet, en me disant : « Je te fais 900 livres de
rente; il me paraît que Bessières a gardé 400 livres pour
lui. C'est bien mal de sa part. » Le même jour il a fait
venir le maréchal Bessières, l'a beaucoup grondé
pour çà.

(ROUSTAM, mameluck de Napoléon I<sup>er</sup>,
*Mémoires (Revue rétrospective*, 1888.)

En 1807, le maréchal Bessières reçoit de Napoléon I<sup>er</sup>
300,000 francs en argent et 300,000 francs en rentes sur
l'Etat.

(*Correspondance de Napoléon I<sup>er</sup>*, t. XVI, p. 53.)

## Le Maréchal de BOURMONT

En 1815, Bourmont s'est traîné aux pieds de Napoléon
pour en obtenir un commandement, et, au moment de
l'exercer, devant l'ennemi, sans aucun motif avouable,
il a lâchement ou perfidement abandonné son poste. Il
s'était évidemment rallié par intérêt, il trahit par intérêt.

(*Dictionnaire Larousse.*)

Traître devant l'ennemi et trahissant tous ceux qu'une
solidarité d'honneur réunissait sous les mêmes drapeaux,
on peut dire qu'il justifia ce mot qu'il avait d'ailleurs
inspiré : « Entre le visage de M. de Bourmont et l'épaule
d'un galérien, il n'y a pas de différence. »

(Général THIÉBAULT, *Mémoires*, t. IV, p. 209.)

## Le Maréchal BRUNE

Brune aimait l'argent, prenait volontiers. La fortune l'a
favorisé au delà de toute expression dans le cours de sa
carrière; car, sans talents, sans courage, sans aptitude

et sans instruction militaires, il a attaché son nom à d'assez grand succès.

(Maréchal MARMONT, Mémoires, t. II, p. 158.)

Berne possédait, avant l'invasion française de 1798, d'immenses ressources ; elle avait un trésor considérable, des magasins bien pourvus, des contrats, des annuités pour plus de vingt millions. Tout avait été consommé ou saisi par le maréchal Brune.

(Maréchal NEY, Mémoires, t. II, p. 160.)

Dans une chanson, un bel esprit de régiment donnait à un conscrit des leçons pour aller en maraude : « N'y va jamais le jour, lui disait-il, c'est trop bête. Mais vas-y à *la brune*, tu ne manqueras jamais ton coup. »

(Duchesse D'ABRANTÈS, Mémoires, t. V, p. 25, note.)

## Le Maréchal CLARKE (1)

En 1807, le maréchal Clarke reçoit de Napoléon I<sup>er</sup> 100,000 francs en argent et 100,000 francs en rentes sur l'Etat.

(Correspondance de Napoléon I<sup>er</sup>, t. XVI, p. 53.)

Les Bourbons ôtèrent le ministère de la guerre au maréchal Soult pour le donner au général Clarke, dont l'Empereur avait payé l'espionnage et les dénonciations en le nommant duc de Feltre, dont, à l'office de bourreau près, Louis XVIII fit un Olivier le Daim ou un Tristan l'Hermite et dont il paya les terribles services en abaissant jusqu'à lui la première dignité de l'Etat.

(Général THIÉBAULT, Mémoires, t. V, p. 278.)

(1) Duc de Feltre.

# Le Maréchal DAVOUT (1)

On ferait des volumes d'anecdotes rappelant, de la part de cet homme, des faits révoltants.

(Général Thiébault, *Mémoires*, t. V, p. 31, note.)

Davout était le courtisan le plus assidu et le plus bas flatteur.

(Maréchal Marmont, *Mémoires*, t. II, p. 189.)

Davout s'était institué de lui-même l'espion de l'Empereur et chaque jour il lui faisait des rapports. La police d'affection, selon lui, était la seule véritable; il travestissait les conversations les plus innocentes. Plus d'un homme frappé dans sa carrière et son avenir n'a connu que fort tard la cause de sa perte.

(Maréchal Marmont, *Mémoires*, t. II, p. 193.)

Je dis à Davout que les Polonais pourraient trouver bien extraordinaire que l'on distribuât à des étrangers les plus belles propriétés de leur pays. — « Eh! bon Dieu, peu importent leurs plaintes, me dit Davout, le sabre triomphe de tout et arrange tout, tant pis pour les va ncus! »

(Général Bourrienne, *Mémoires*, t. IX, p. 110.)

D'un caractère féroce, sous le plus léger prétexte et sans la moindre forme, il faisait pendre les habitants des pays conquis. J'ai vu, aux environs de Vienne et de Presbourg, les chemins et les arbres garnis de ses victimes.

(Maréchal Marmont, *Mémoires*, t. II, p. 193.)

Sur le moindre indice, Davout faisait pendre un homme comme espion. Aussi un général disait-il : « On connaît toujours le camp de M. le maréchal Davout au grand nombre de pendus qui en tapissent les avenues.

(Général Lamarque, *Mémoires*, t. II, p. 165.)

(1) Duc d'Auerstædt, prince d'Eckmühl.

L'Empereur me dicta littéralement ce qui suit :

« Notre cousin le maréchal Davout nommera une Commission militaire composée de sept colonels de son corps d'armée, dont il sera président, afin de faire juger, comme convaincu de trahison et d'espionnage, le prince de Hatzfeld.

« Le jugement sera rendu et exécuté avant six heures du soir. »

Il était environ midi.

(Général RAPP, *Mémoires*, p. 108.)

Je dois avouer que le prince d'Eckmühl était très désintéressé, qu'il refusait tous les cadeaux qui lui étaient offerts, soit par une ville, soit de toute autre manière; mais cette sévérité excessive, que lui et ses amis savaient si bien faire valoir, lui a valu peu à peu la modeste fortune de quatorze cent mille livres de rente; et il n'en avait pas assez. Le pauvre homme!

(Général BOURRIENNE, *Mémoires*, t. VIII, p. 374.)

En 1807, le maréchal Davout reçoit de Napoléon I<sup>er</sup> 300,000 francs en argent et 300,000 francs en rentes sur l'Etat.

(*Correspondance de Napoléon I<sup>er</sup>*, t. XVI, p. 53.)

A Hambourg... un capitaine rapporteur avait conclu à l'absolution d'un pauvre paysan trouvé avec un pain de sucre acheté hors de la barrière des douanes. Cet officier, se trouvant à un grand dîner chez le maréchal Davout, celui-ci lui dit, au milieu du repas : — « Vous avez la conscience bien scrupuleuse, Monsieur le rapporteur. — Mais, monseigneur... — Allez à l'état-major, il y a un ordre pour vous. » Cet ordre envoyait le capitaine à 80 lieues de Hambourg.

(Général BOURRIENNE, *Mémoires*, t. VII, p. 240.)

Après Waterloo, pendant le peu de jours que l'armée resta sous les murs de Paris, l'Empereur offrit plusieurs fois, même après son abdication, de se mettre à la tête des troupes, comme simple général, pour frapper un coup décisif. Le maréchal Davout ayant été informé de ces propositions, le maréchal Davout, qui tenait de l'Empereur une fortune de dix-huit cent mille livres de rente, annonça publiquement l'intention de faire arrêter Napoléon s'il se présentait comme empereur ou comme général.

(MUSNIER-DESCLOZEAUX, *Indiscrétions*, t. II, p. 138.)

L'Empereur, voyant, en 1815, que les conditions de son abdication n'étaient pas remplies, fit appeler Hulin, commandant de Paris, et le maréchal Davout, commandant de l'armée. Il leur dit que son intention était de se mettre à la tête de l'armée et d'attaquer les Prussiens. Hulin lui répondit que tous ses ordres seraient exécutés avec enthousiasme; mais Davout refusa de le seconder et se rendit sur-le-champ chez Fouché à qui il dénonça les projets de Napoléon. Quand on pense à tout ce que l'Empereur avait fait pour ce maréchal, il est difficile de croire à une pareille ingratitude.

(Général LAMARQUE, *Mémoires*, t. II, p. 102.)

Le maréchal Davout proposa d'ajouter à l'adresse (de soumission de l'armée de la Loire) quelques mots insultants pour l'Empereur, alors errant, et l'engagement de le livrer s'il tombait en notre pouvoir. L'auteur de cette lâche proposition était le même homme qui, au temps des prospérités de l'Empereur, avait toujours été prosterné aux pieds de sa fortune, qui épiait ses passions les plus secrètes pour les satisfaire, qui recevait du maître quinze cent mille francs de rente et qui sans cesse le poussait au despotisme et portait l'excès de sa bassesse jusqu'à l'en fatiguer.

Le maréchal oublia tout ce qu'il devait à l'Empereur dès le moment qu'il ne put rien en attendre. Il n'était pas dans les principes religieux de ces sauvages qui adorent l'arbre que la foudre a frappé; c'est l'arbre couvert de fruits, l'arbre à l'ombre duquel on peut se reposer avec sécurité, qui reçoit ses hommages.

(Général LAMARQUE, *Mémoires*, t. I, p. 200.)

D'après ce que M^me la duchesse d'Abrantès, cette dame si distinguée, me raconta, le maréchal Davout, de retour de Hambourg, aurait rapporté un grand nombre de caisses pleines de valeurs monnayées et de matières d'or et d'argent. Ces caisses, dirigées de suite sur Flavigny, y restèrent sans avoir été ouvertes ; mais lorsqu'en 1815, les alliés de Betzébuth et des Bourbons marchèrent de nouveau sur Paris, Davout, une belle nuit et dans le plus grand secret, fit descendre ces caisses dans les fossés du château, fossés pleins d'eau et d'eau assez vaseuse pour qu'il fût impossible de rien distinguer au fond.

J'ai dit que j'étais informé de ce fait par M^me la duchesse d'Abrantès qui, en effet, me le conta, le 17 avril 1837 ; mais je dois ajouter qu'elle le tenait de M^me la princesse d'Eckmühl elle-même, circonstance qui seule a empêché qu'elle en fît mention dans ses Mémoires.

Général Thiébault, Mémoires, t. V, p. 162.)

## Le Maréchal DUROC (1)

Duroc a joui de la confiance de Napoléon, qui lui donna des missions peut-être un peu au-dessus de ses talents. Bonaparte a souvent dit à Sainte-Hélène qu'il l'aimait beaucoup. Je le crois, mais j'ai la *certitude* que Duroc ne le lui rendait pas. Il y a tant de princes ingrats ; pourquoi ne verrait-on pas aussi quelquefois d'ingrats courtisans !

(Général Bourrienne, Mémoires, t. I, p. 67.)

En 1807, le maréchal Duroc reçoit de Napoléon I^er 100,000 francs en argent et 100,000 francs en rentes sur l'Etat.

(Correspondance de Napoléon I^er, t. XVI, p. 53.)

## Le Maréchal D'ERLON

Le comte d'Erlon était l'un des plus dignes hommes que j'eusse connus, mais l'opinion de sa faiblesse était

_______________

(1) Duc de Frioul.

tellement établie que, sans que l'on s'en rendît compte, tout le monde disait en le nommant : « le comte d'Erlon,» et personne « le général d'Erlon ». Lui-même, d'ailleurs, se rendait entière justice.

(Général THIÉBAULT, *Mémoires*, t. IV, p. 419.)

## Le Maréchal EXELMANS

Dans un moment d'ivresse, un brigadier du 4ᵉ de chasseurs avait manqué de respect à son lieutenant, et un lancier du 6ᵉ, que son cheval mordait avec fureur, ne pouvant lui faire lâcher prise, l'avait frappé au ventre avec des ciseaux, ce qui avait amené la mort de l'animal. Certainement ces deux hommes méritaient d'être punis, mais seulement par mesure disciplinaire. Le général Exelmans les condamna à mort de son autorité privée.

(Général MARBOT, *Mémoires*, t. III, p. 296.)

## Le Maréchal GÉRARD

Le général comte Gérard manquait de finesse et même de savoir vivre. La prise d'Anvers est une conquête dont personne n'eût osé parler au temps de notre gloire, et il en a reçu un prix que l'opinion a taxé d'exorbitant, soit 200,000 francs de revenu, dans lesquels figurent, comme don de la Belgique, 80,000 francs en forêts à deux pour cent, ce qui seul équivaut à un capital de trois millions. En acceptant une telle rémunération d'un si faible service, il s'est d'autant plus abaissé dans l'esprit public qu'il était déjà riche; car, sans qu'on ait pu dire comment, ce possesseur de la belle terre de Villiers s'était trouvé en état de prêter 600,000 francs à Bernadotte, lorsque ce dernier fut nommé prince royal de Suède.

(Général THIÉBAULT, *Mémoires*, t. V, p, 204, note.)

## Le Maréchal GROUCHY

En 1807, le général Grouchy reçoit de Napoléon I<sup>er</sup> 100,000 francs en argent et 100,000 francs en rentes sur l'Etat.

*(Correspondance de Napoléon I<sup>er</sup>, t. XVI, p. 53.)*

Après Champaubert, je fis plus de trois mille pri sonniers, parmi lesquels se trouvait le prince Ourousoff.

Le général Grouchy vint de sa personne me demander à souper. J'avais sur ma table l'épée du prince Ourousoff. Le général Grouchy me pria de lui en faire cadeau pour remplacer son sabre, qui le gênait, me dit-il, par suite d'une ancienne blessure. Je n'attachais pas beauboup d'importance à cette dépouille opime, et je la lui abandonnai sans y mettre la plus légère importance ; mais quel fut mon étonnement quand je lus peu de jours après, dans le *Moniteur*, un article ainsi conçu : « M. Carbonel, aide de camp du général Grouchy, est arrivé à Paris et a remis, de la part de son général, à Sa Majesté l'Impératrice, l'épée du prince Ourousoff qu'il a fait prisonnier à la bataille de Vauchamps. » Un fait pareil ne suffit-il pas pour peindre un homme ?

*(Maréchal MARMONT, Mémoires, t. VI, p. 61.)*

## Le Maréchal JOURDAN

AU MARÉCHAL JOURDAN. — *Paris, 14 février 1806.* — J'ai reçu votre lettre du 10 février. Ne doutez pas que je ne fasse, dans toutes les circonstances, tout ce qui vous sera convenable, et, dans les dispositions que je dois prendre incessamment, vous y serez compris ; ce qui vous assurera les moyens de fortune conformes à votre rang et aux services que vous avez rendus.— NAPOLÉON.

*(Correspondance de Napoléon I<sup>er</sup>, t. XII, p. 57.)*

AU ROI DE NAPLES. — *Liebstadt, 21 février 1807.* — ..... Vous dites que le maréchal Jourdan a 140.000 francs de traitement et n'est pas content : que voulez-vous donc que je fasse pour lui ? — NAPOLÉON.

(Correspondance de Napoléon I<sup>er</sup>, t. XIV, p. 402.)

## Le Maréchal KELLERMANN (1)

Le général Kellermann aimait beaucoup l'argent, et, peu avant de laisser en mourant 60 à 80,000 francs de revenu à son fils (son fils par jugement de la Cour royale de Paris, que jamais il n'a reconnu comme tel et qu'il ne voyait pas), il se désespérait encore de ne pas avoir profité de cet argent qui fut pillé.

C'est également le général Kellermann qui, à propos de réclamations relatives à quelques sommes levées par lui à Valladolid, pendant qu'il commandait l'armée du nord de l'Espagne, me disait : « Et s'étaient-ils imaginés que j'avais passé les Pyrénées pour changer d'air? »

(Général THIÉBAULT, Mémoires, t. II, p. 278.)

V. aussi : le général CHAMPIONNET.

## Le Maréchal LANNES (2)

AU DIRECTOIRE EXÉCUTIF. — *Milan, 30 frimaire an V.* — ..... Lannes aime beaucoup l'argent, et s'en est beaucoup procuré. — BONAPARTE.

(Archives nationales, AF III, 72, dossier 291.)

L'hôtel de Noailles fut loué et très richement meublé. Odiot fournit un service d'argenterie d'une valeur de près de 200,000 francs. Lannes dépensait sans compter. Il alla trouver le trésorier de la garde qui fit d'abord quelques difficultés, mais lui permit de toucher 400,000 francs.

(1) Duc de Valmy.
(2) Duc de Montebello.

Il n'y avait pas vingt-quatre heures que Lannes avait touché les 400,000 francs, lorsque le trésorier reçut de l'ordonnateur en chef de la garde l'ordre de donner l'état de sa caisse ; le reçu de 400,000 francs ne fut pas admis... Il fallut que Lannes restituât les 400,000 francs à la caisse de la garde et, comme je l'ai dit, Lannes n'avait que des dettes (1).

(Général BOURRIENNE, *Mémoires*, t. V, p. 66.)

Le général Lannes, qui donnait et dépensait sans compter, qui ne se faisait aucune idée des exigences d'une comptabilité, qui n'avait jamais recouru en vain à Bonaparte lorsqu'il avait besoin d'argent, regardait le Premier Consul comme si bien engagé par la promesse qu'il avait faite, qu'il ne trouva rien de mieux, pour le contraindre à payer les frais de son ameublement, que de s'en faire remettre le montant par le caissier de la garde.

(Baron MENEVAL, *Mémoires*, t. I, p. 189.)

Le jour que Murat vînt faire à l'Empereur ses remercîments du titre de prince qui lui avait été conféré, Lannes se trouvait avec beaucoup d'autres militaires dans le salon de réception. L'huissier ouvrit les deux battants de la porte en annonçant : le prince Murat !

« Beau prince de mon c...! » dit tout haut le général en se tournant vers les autres personnages. Ce propos fut rapporté à Murat, qui voulut lui envoyer un cartel ; mais l'Empereur le lui défendit.

(Madame DURAND, *Mémoires sur Napoléon*, p. 65.)

Lannes détestait souverainement l'ancienne noblesse, et principalement les émigrés. Ceux-ci, qui en étaient instruits, lui rendaient bien ce même sentiment.

Un jour qu'il s'en trouvait un assez grand nombre dans un salon des Tuileries que Lannes avait traversé pour se rendre chez l'Empereur, ils affectèrent de se placer devant lui, de manière à lui intercepter le passage.

_________

(1) A la suite de ce scandale, Lannes fut envoyé à Lisbonne.

A l'instant le général tire son sabre, en jurant qu'il couperait les oreilles à quiconque l'empêcherait de passer. Dès lors il ne trouva plus d'obstacles ; chacun s'empressa de s'écarter, car on n'ignorait pas qu'il était homme à tenir parole.

(Madame DURAND, *Mémoires sur Napoléon*, p. 62.)

Le trésor de Notre-Dame-del-Pilar était une belle et rare chose. Il valait 1,245,236 pesos, soit 4 millions 687,949 francs. Le maréchal Lannes l'apporta à Paris et dit à l'Empereur : « J'ai rapporté de là-bas quelques méchantes pierres de couleur qui ne valent rien... Si vous voulez, je les remetttai à qui vous voudrez. Junot et Mortier ont fait les fiers..., moi je les ai blâmés, et si vous voulez me les donner, vous me ferez plaisir. » L'Empereur les lui donna sans savoir ce qu'il lui donnait.

(Duchesse d'ABRANTÈS, *Mémoires*, t. XII, p. 221.)

## Le Maréchal LEFEBVRE (1)

Quelque temps après la prise de Dantzig (24 mai 1807), l'Empereur prit dans une cassette un paquet ayant la forme d'un carré long, et le donna au maréchal Lefebvre en lui disant : « Duc de Dantzig, acceptez ce chocolat; les petits cadeaux entretiennent l'amitié. » De retour chez lui, le maréchal duc de Dantzig, soupçonnant une surprise dans le petit paquet que lui avait donné l'Empereur, s'empressa de l'ouvrir, et y trouva 100,000 écus en billets de banque. Depuis ce magnifique cadeau, l'usage s'établit dans l'armée d'appeler de l'argent, soit en espèces, soit en billets, du chocolat de Dantzig.

(CONSTANT, *Mémoires*, t. III, p. 288.)

(1) Duc de Dantzig.

## Le Maréchal de LUCKNER

Luckner (Nicolas, baron de), maréchal de France, né en 1722, à Campen (Bavière), mort sur l'échafaud, à Paris, le 3 janvier 1794. Il fut d'abord au service de la Bavière et de la Prusse... Des manœuvres désastreuses, résultat soit de son incapacité, soit d'ordres secrets venus de la cour, le firent destituer (août 1793); deux mois plus tard, il fut arrêté et [traduit devant le tribunal révolutionnaire qui le condamna à mort.

(LALANNÉ, *Dictionnaire historique de la France.*)

## Le Maréchal MACDONALD (1)

Le général Championnet pouvait dire, en parlant du général Macdonald, et sans crainte d'être démenti, « qu'il l'avait comblé de louanges et laissé gorger d'or ».

(Général THIÉBAULT, *Mémoires*, t. II, p. 355.)

La ville d'Arpino s'étant rendue, Macdonald la fit scandaleusement rançonner. Ce fut là pour le général Macdonald une première, mais encore faible part des 75,000 louis que lui valut la campagne de Naples.

(Général THIÉBAULT, *Mémoires*, t. II, p. 340.)

Le maréchal Macdonald, sous le ministère de son ami Beurnonville, est parvenu à s'approprier des pièces relatives à la contribution d'Arpino et un mémoire fait par le général Andréossy sur la guerre de Naples.

(Général THIÉBAULT, *Mémoires*, t. IV, p. 155, note.)

## Le Maréchal MAISON

Le général Maison, à qui la politique avait fait donner un commandement important, fit défection au mois de février 1814.

(Général BERTHEZÈNE, *Souvenirs*, t. II, p. 316.)

(1) Duc de Tarente.

# Le Maréchal MARMONT (1)

Au moment où la révolte éclata (2), un soldat du 11e régiment reçut à bout portant un coup de fusil dans la grande rue de Castel-Vecchio, au coin d'une rue qui conduit à la mer. Ce soldat blessé, conduit à l'hôpital, désigne, avant de mourir, le lieu où il a été atteint, et donne le signalement de celui qui l'a blessé : il était vêtu de telle et telle manière, et portait une balafre à la joue gauche. D'un autre côté, on avait arrêté dans la même rue un Dalmate dont toutes les circonstances de l'habillement, de la taille et du signalement correspondaient à la description faite par le soldat; de plus, il avait entre ses mains un fusil déchargé et venant de faire feu. La Commission militaire, par un caprice impossible à expliquer, condamna le coupable aux galères. Il fallait frapper d'une salutaire terreur une population insurgée; il fallait faire un exemple sur les véritables coupables. Or, la condamnation aux galères ne signifiait rien pour l'exemple. Je fis venir la Commission militaire pour lui demander ses motifs; et, comme elle ne put répondre rien de raisonnable, je fis fusiller le coupable de ma propre autorité.

(Maréchal MARMONT, *Mémoires*, t. III, p. 51.)

AU PRINCE EUGÈNE. — *La Malmaison, 12 avril 1806.* — Mon fils, il paraît que le 11e de ligne, qui fait partie du corps du général Marmont, n'a point de solde depuis trois mois. Faites-moi connaître ce que je dois penser de cela. Payer mon armée régulièrement est la première de toutes les conditions. — NAPOLÉON.

(*Correspondance de Napoléon Ier*, t. XII, p. 338.)

AU PRINCE EUGÈNE. — *Saint-Cloud, 4 mai 1806.* — ..... Le corps du maréchal Marmont est très arriéré dans sa solde; on ne lui paye rien. — NAPOLÉON.

(*Correspondance de Napoléon Ier*, t. XII, p. 422.)

(1) Duc de Raguse.
(2) 1805.

Au maréchal Berthier. — *Saint-Cloud, 13 juin 1806.* — Mon cousin, le général Marmont, demande des sommes immenses pour sa solde; voilà 1,100,000 francs que le trésor d'Italie paye pour son armée; cela commence à me paraître fort extraordinaire. — Napoléon.

*(Correspondance de Napoléon Ier, t. XII, p. 566.)*

Au prince Eugène. — *Saint-Cloud, 21 avril 1806.* — ..... J'imagine qu'à l'heure qu'il est vous avez le million de Bignani, et, de plus, les 500,000 francs de Marmont et de Masséna, pour le vif argent. Marmont doit vous faire remettre les 325,000 francs, sans qu'il soit besoin de le lui intimer; sans cela, je le lui ferai signifier. Il est honteux qu'un général fasse des profits à l'ennemi, mais surtout lorsque ses troupes manquent de solde. — Napoléon.

*(Correspondance de Napoléon Ier, t. XII, p. 361.)*

Au général Marmont, commandant l'armée de Dalmatie, à Raguse. — *Bayonne, 8 mai 1808.* — La solde de l'armée de Dalmatie est arriérée, parce que vous avez distrait 400,000 francs de la caisse du payeur pour d'autres dépenses. Cela ne peut marcher ainsi..... Vous n'avez pas le droit, sous aucun prétexte, de forcer la caisse. — Napoléon.

*(Correspondance de Napoléon Ier, t. XVII, p. 91.)*

En 1807, le ~~maréchal~~ Marmont reçoit de Napoléon Ier 100,000 francs en argent et 100,000 francs en rentes sur l'Etat.

*(Correspondance de Napoléon Ier, t. XVI, p. 53.)*

M. le Maréchal, porté en litière élégante garnie de rideaux de taffetas vert, environné de toute sa maison et du luxe qu'elle traînait avec elle, nous eûmes l'explication de celui dont nous avions été un jour étonnés, pendant une halte des grandes manœuvres sous Salamanque.

M. le Maréchal mit pied à terre près de la IIIe division, formée en colonne et au repos. Il était midi; sa maison le suivait. Là, vingt domestiques, ni plus ni moins, en grand deuil, quittant la guêtre longue à l'anglaise, parurent en bas de soie, culotte courte et livrée à aiguillettes de ruban.

Trente chevaux ou mulets de bât furent déchargés de leurs cantines, dont on forma un rectangle. Il en sortit un service de linge damassé de la plus éclatante blancheur, qui, étendu sur la terre labourée, fut couvert d'une vaisselle en vermeil, contenant des pièces froides, gibier, volailles, pâtés, etc.... flanquées de vins français, Bordeaux, Bourgogne. Là, déjeuna M. le Maréchal et tout son état-major! Côte à côte d'un régiment ayant à peine du pain à manger; le soir de ce même jour, veille de la bataille, nous n'eûmes pas même de l'eau!

(Lemonnier-Delafosse, Campagnes, p. 174.)

## Le Maréchal MASSÉNA (1)

Dans la vie civile, sans aucune fortune, Masséna, profitant du voisinage des frontières de France, de Piémont, de l'État de Gênes et de la mer, fit sur une grande échelle le commerce interlope, c'est-à-dire la contrebande.

(Général Marbot, Mémoires, t. III, p. 8.)

Masséna aime beaucoup l'argent.

(Lettre de Bonaparte au Directoire, Milan, 30 frimaire an V, —<br>Archives nationales, A F III, 72, Directoire, 291.)

Si, postérieurement à la révolte de Rome, Masséna imposa une contribution de 5 millions au duché de Venise, à la Styrie, et à la Carinthie, il crut en avoir le droit comme général en chef.

(Maréchal Masséna, Mémoires, Introduction, p. 79.)

Après Marengo, le premier consul, retournant en France, crut ne pouvoir confier le commandement de l'armée à un homme plus illustre que Masséna; mais au bout de quelques mois, des griefs semblables à ceux dont s'était plainte jadis l'armée de Rome se produisirent contre lui. Les réclamations s'élevèrent de toutes

(1) Duc de Rivoli, prince d'Essling.

parts; des impôts nouveaux s'ajoutèrent aux anciens, des réquisitions nombreuses furent frappées sous divers prétextes, et cependant les troupes n'étaient pas payées! Le premier Consul, instruit de cet état de choses, retira brusquement et sans explication le commandement de l'armée à Masséna.

(Général MARBOT, Mémoires, t. III, p. 15.)

Je rentrai à Milan... on me conseilla d'aller à la municipalité demander un logement plus convenable qu'une auberge. Il me fut donné un billet pour le palais Greppi. Le majordome ou concierge me dit, en me montrant un drapeau tricolore, que le palais était plein d'administrations françaises qui y couchaient provisoirement sur la paille, attendu que Son Excellence le général Masséna, y ayant logé, avait tout emporté et fait vendre aux juifs; que c'était ce général qui avait autorisé le placement de ce drapeau « pour garantir les meubles, disait amèrement le concierge, contre les pillards ». J'envoyai chercher un autre billet à la municipalité! Elle m'adressa au palais Borromée, où j'aperçus un autre drapeau. Le portier me dit que le général Masséna était logé là et que je ne pouvais entrer. Impatienté, j'entrai de force, je parcourus le logement très vaste où Masséna n'était pas, puisqu'il n'y avait pas un seul lit, pas une table, pas une chaise, pas un rideau, et cet homme — c'était un Français — que je questionnai, me régala de la même réponse que le majordome du palais Greppi m'avait déjà faite.

(Adjudant-général LANDRIEUX, Mémoires, t. I, p. 64.)

Le payeur général de l'armée d'Italie (1) établit ainsi son compte en ce qui touche les opérations de la première heure de l'administration française à Milan :

#### MONT-DE-PIÉTÉ

21 caisses de vaisselle or et argent, saisies au Mont-de-Piété et envoyées à la Monnaie de Milan pour être fondues;
1 caisse de diamants, même origine, valant 500,000 francs (sans emploi indiqué).

(1) Archives nationales : AF III, 198.

CAISSES PUBLIQUES SAISIES

Caisse des eaux-de-vie. . . . . . . . . . . . . . .     1.900 fr.
Banque Baroggi. . . . . . . . . . . . . . . . . . .     2.400
Caïsse des soies. . . . . . . . . . . . . . . . . .    14.000
Créances de l'archiduc. . . . . . . . . . . . . .    49.000
Banque Sainte-Thérèse. . . . . . . . . . . . . .    79.000
Citadelle. . . . . . . . . . . . . . . . . . . . . .    57.400

Caisses dont le général Masséna s'est approprié le contenu :
221,715 francs.

Si, à cette dernière somme, dont la disparition est établie par un document officiel, on ajoute celle de 45,000 fr. qui paraît bien avoir été prélevée par Masséna sur les fonds du Mont-de-Piété, on obtient un total de 266,705 fr. pour le butin personnel du héros républicain.

(TROLARD, *De Rivoli à Marengo*, p. 308.)


AU GÉNÉRAL DEJEAN.—*Paris, 21 février 1806.*—Monsieur Dejean, vous trouverez ci-joint une déclaration faite par le général Solignac (1). Vous écrirez au receveur pour que le maréchal Masséna fasse verser les deux millions qu'il a reçus dans la caisse des contributions. Ecrivez en même temps à ce maréchal qu'il ne doit point se dissimuler que les gouvernements provisoires ne pouvaient lui faire de dons qu'au détriment de l'armée; qu'il ne peut faire ainsi tort à ses camarades; qu'il est plus honorable pour lui de recevoir de l'Empereur sa part de gratifications comme un témoignage de sa satisfaction pour les services qu'il a rendus. — NAPOLÉON.

(*Correspondance de Napoléon I*er, t. XII, p. 101.)


AU PRINCE JOSEPH. — *Paris, 12 mars 1806.* — ..... Faites donner à Masséna le conseil de rendre les six millions qu'il a pris. S'il les rend vite, c'est le seul moyen de se sauver; car, s'il les rend pas, je nommerai une Commission militaire, qui siégera à Padoue, pour faire des enquêtes; car, enfin, c'est un trop grand brigandage.


(1) V. le général Solignac.

Souffrir que le soldat meure de faim, soit sans solde, et prétendre qu'on a reçu en don, des provinces, des sommes qui lui étaient destinées, c'est par trop impudent; il n'y a plus moyen de faire la guerre. Faites surveiller Saint-Cyr. Le détail de leurs dilapidations est inouï. — NAPOLÉON.

(*Correspondance de Napoléon I<sup>er</sup>*, t. XII, p. 217.)

AU ROI DE NAPLES. — *Saint-Cloud, 3 juin 1806.* — ..... Masséna est un bon soldat, mais entièrement adonné à l'amour de l'argent; c'est là le seul mobile de sa conduite, et il n'y a que cela qui l'ait fait marcher, même sous mes yeux. C'était d'abord par petites sommes; aujourd'hui des milliards ne suffiraient pas. — NAPOLÉON.

(*Correspondance de Napoléon I<sup>er</sup>*, t. XII, p. 525.)

J'ai beaucoup connu Masséna à Naples; c'est sous ses ordres que je fis le siège de Gaëte. En 1806, après le siège, le roi Joseph me chargea auprès de lui d'une commission bien désagréable. Le roi me fit appeler un soir à onze heures et me dit : « Le maréchal déteste mon chef d'état-major Berthier, mais il a beaucoup d'amitié pour vous; et je vous ai choisi pour lui annoncer que l'Empereur a fait saisir et confisquer trois millions que Masséna avait déposés chez un banquier de Gênes; ces trois millions proviennent d'échanges de monnaies faits dans les provinces vénitiennes, et le vice-roi s'en est plaint comme d'une exaction. »

Cette commission était délicate, je priai en vain le roi de la confier à un autre; il insista; je dus obéir. Me voilà donc à minuit, au palais Acton, errant à la faible lueur d'une lampe à moitié éteinte, dans une grande salle qui servait d'antichambre à la chambre à coucher du maréchal. Je frappe d'une main timide, je me nomme à demi-voix, et il vient m'ouvrir, coiffé d'un bonnet de coton et enveloppé dans une grande robe de taffetas vert.

« Monsieur le Maréchal, je suis chargé par le roi de vous annoncer une bien mauvaise nouvelle. — Qu'est-ce? Parle. — C'est bien malgré moi que j'ai accepté une mission aussi désagréable. — Parle donc, viens-tu m'arrêter? — Ah! monsieur le Maréchal, je me serais plutôt brûlé la cervelle devant votre palais que d'exécuter un pareil ordre. — Qu'as-tu donc à me dire? Parle, je suis résigné à tout. »

Je lui expliquai alors les ordres de l'Empereur; ses yeux étincelèrent de fureur; il se maîtrisa pourtant et me dit ces mots que je n'ai jamais oubliés : « Tous les guerriers, depuis Romulus, ont fait leur fortune en versant leur sang pour leur pays. L'Empereur croit donc que nous ne nous battons que pour l'assurer sur le trône et donner un royaume à ce freluquet de vice-roi d'Italie? Ce n'est pas pour moi que je veux de l'argent; Masséna n'a pas oublié qu'il fut soldat et qu'il vécut avec cinq sous par jour; je saurais vivre encore avec ma solde, mais le luxe nous a envahis, l'Empereur nous a donné des titres, un rang à soutenir, et mes enfants ont été élevés dans le faste, qui sera un besoin pour eux. »

Je cherchai à le consoler par des lieux communs; je lui dis que les grands hommes de tous les temps avaient été persécutés; je l'engageai à lire Plutarque, à peu près comme le valet du joueur engage son maître à lire Sénèque.

(Général LAMARQUE, Souvenirs, t. I, p. 320.)

Après la paix de Tilsitt, le titre de duc de Rivoli et une dotation de 300,000 francs de rente furent la récompense des services de Masséna, mais ne le consolèrent pas de ce qui avait été pris à Livourne, car, malgré sa circonspection habituelle, on l'entendait parfois s'écrier : « Le cruel, pendant que je me battais pour ses intérêts, il a eu le courage de me prendre mes petites économies que j'avais placées à Livourne! »

(Général MARBOT, Mémoires, t. III, p. 19.)

Pour récompenser la bonne conduite et la fermeté de Masséna aux combats d'Essling et de Wagram, l'Empereur le nomma prince d'Essling, en lui accordant une nouvelle dotation de 500,000 francs de rente qu'il cumulait avec celle de 300,000 francs du duché de Rivoli et 200,000 francs d'appointements comme maréchal et chef d'armée. Le nouveau prince n'en dépensa pas un sou de plus. Il était très avare.

(Général MARBOT, Mémoires, t. III, p. 20, 21.)

En 1807, le maréchal Masséna reçoit de Napoléon I<sup>er</sup> 200,000 francs en argent et 200,000 francs en rentes sur l'Etat.

*(Correspondance de Napoléon I<sup>er</sup>, t. XVI, p. 53.)*

Masséna attaqua le pont d'Ebersberg, sur la Traün, pour passer une rivière *déjà passée.* Il réussit, mais il eut plus de 1,000 soldats tués et 2,000 blessés. L'Empereur blâma ce déplorable abus du sang des hommes : c'était Masséna, l'enfant chéri de la Victoire, et l'Empereur crut devoir se borner à quelques sévères observations.

*(Général MARBOT, Mémoires, t. II.)*

Le maréchal Masséna jouissait d'une fortune colossale : 200,000 fr. en qualité de chef d'armée, 200,000 fr. comme duc de Rivoli et 500,000 francs comme prince d'Essling; au total : neuf cent mille francs par an.

*(Général MARBOT, Mémoires, t. II, p. 303.)*

L'éclatant triomphe de Masséna fut obscurci par son amour exagéré de l'argent, qui fut toujours son défaut dominant.

*(Général MARBOT, Mémoires, t. III, p. 12.)*

Lors de l'attaque d'Ebersberg..... les morts et les blessés qui couvrent le pont rendent la marche si lente que toute l'armée aurait péri successivement si le maréchal n'eût donné un ordre terrible, mais nécessaire. Il commande à tous les blessés qui peuvent encore se traîner d'avancer sur la ville, et il fait jeter à la rivière (1) tous ceux qui obstruent le pont. C'était un spectacle affreux de voir les malheureux soldats estropiés se débattant dans les bras de leurs camarades qui les précipitaient dans l'eau, et ceux-ci, bientôt blessés eux-mêmes, jetés dans la rivière par les soldats qui les suivaient.

*(CADET DE GASSICOURT, Voyage en Autriche, p. 70.)*

V. aussi : le maréchal AUGEREAU (passage des *Mémoires de l'adjudant-général Landrieux*, t. I, p. 115, note).

_______________

(1) La Traün.

## Le Maréchal MORTIER (1)

En 1807, le maréchal Mortier reçoit de Napoléon Ier 200,000 francs en argent et 200,000 francs en rentes sur l'Etat.

*(Correspondance de Napoléon Ier, t. XVI, p. 53.*

## Le Maréchal MURAT (2)

Cambacérès me disait un jour que Napoléon avait longtemps hésité pour donner sa sœur à Murat, qui n'était qu'un imbécile.

(Général LAMARQUE, *Mémoires*, t. II, p. 190.)

« Nous ne sommes pas riches, me dit Mme Murat, et si mon frère (3) ne nous avait pas mis à même de meubler la maison de Villiers et de l'entretenir, nous ne pourrions pas la garder. »

Plus tard, lorsque Murat, à son retour d'Italie, revint habiter Paris et en prendre le gouvernement, il n'était déjà plus question d'impossibilité de ce genre pour habiter et meubler l'hôtel de Thélusson.

(Duchesse D'ABRANTÈS, *Mémoires*, t. IV, p. 129.)

*3 avril 1817.* — Conversation sur les généraux à propos de l'ouvrage de Jomini : Ney, Lannes, Murat, incomparables par leur bravoure. « Ils étaient bien beaux au feu, dit Napoléon, mais Murat ne connaissait pas la carte. Il m'a fait bien des fautes pour avoir voulu coucher dans un château ; il lui fallait du luxe, des femmes, une table d'Epicure. Il menait Robert à l'armée et se faisait servir au bivouac même comme il l'aurait fait à l'Elysée. Quand les Russes ont pris Robert, il était en

(1) Duc de Trévise.
(2) Roi de Naples.
(3) Bonaparte.

bas de soie, habit de maître d'hôtel brodé et l'épée au côté; ils le prenaient pour un général en chef. C'est une grande faute pour un commandant d'armée que de ne pas savoir maîtriser ses passions ou ses goûts : on peut faire perdre ainsi la vie à des milliers d'hommes. Au fait, j'aurais pu faire fusiller tous mes généraux en chef, il n'y en a pas un qui ne l'ait mérité; c'est leur pillage qui m'a fait perdre l'Espagne. »

(Général MONTHOLON, Captivité de Napoléon, t. II, p. 106.)

Durant le dîner, au sujet de toilette et de parure, on disait que parmi les grands personnages du jour, aucun n'en avait poussé le ridicule plus loin que Murat, et encore, observait-on, était-elle la plupart du temps tellement singulière, tellement bizarre, que le public l'en appelait le *roi Franconi*. L'Empereur en a beaucoup ri, confessant qu'il était vrai que certains costumes et certaines manières lui donnaient en effet parfois l'apparence d'un opérateur, l'air d'un charlatan.

Et, revenant à la toilette, on ajoutait que Bernadotte y mettait aussi un soin infini et Lannes beaucoup de temps.

(Mémorial de Sainte-Hélène, t. IV, p. 421.)

Murat, jadis si brillant à la guerre, n'avait rien fait de remarquable pendant cette campagne de 1813. Il est certain que ce prince, bien qu'il fût encore dans nos rangs, entretenait une correspondance avec M. de Metternich, premier ministre d'Autriche (1), qui, en mettant sous ses yeux l'exemple de Bernadotte, lui garantissait, au nom des souverains alliés la conservation de son royaume, s'il venait se ranger parmi les adversaires de Napoléon. Ce fut à Erfürt que Murat quitta l'armée française, et, à peine arrivé à Naples, il se prépara à nous faire la guerre.

(Général MARBOT, Mémoires, p. III, p. 349.)

(1) V. aussi, sur les engagements secrets de Murat avec les souverains étrangers, l'*Histoire de la situation de l'Angleterre*, par M. DE MONTVERAN, t. VI, p. 281, et t. VII, p. 17.

Pendant la bataille de Dresde, le prince napolitain Cariati était auprès des souverains comme envoyé de Joachim, et Alexandre lui demanda de leur montrer, dans *nos* rangs, *leur* allié le roi de Naples.

(Spectateur militaire, t. III, p. 559.)

## Maréchal NEY (1)

Le 28 novembre 1812, j'appris la mort de M. Alfred de Noailles, aide de camp du prince de Neufchâtel. Le maréchal Ney, à qui j'en parlai, me dit pour toute consolation « que c'était apparemment son tour et qu'enfin il valait mieux que nous le regrettions que s'il nous regrettait ».

Dans de pareilles occasions, il témoignait toujours la même insensibilité ; une autre fois, je lui entendis répondre à un malheureux blessé qui lui demandait de le faire emporter : « Que veux-tu que j'y fasse ? tu es une victime de la guerre. » Et il passa son chemin.

(DE FEZENSAC, Journal de la campagne de Russie en 1812.)

En 1807, le maréchal Ney reçoit de Napoléon Ier 300,000 francs en argent et 300,000 francs en rentes sur l'Etat.

(Correspondance de Napoléon Ier, t. XVI, p. 53.)

## Le Maréchal OUDINOT (2)

Celui à qui j'ai vu perdre les plus fortes sommes, à Marseille, fut le général Oudinot. Je me rappelle une de ces séances pendant laquelle, en bien moins d'une demi-heure, je lui vis donner quatre fois la clef de son secrétaire à son premier aide de camp, en disant à celui-ci : « Allez me chercher un rouleau de cent louis. » Et à peine arrivés, les malheureux cent louis allaient grossir le monceau d'or qui s'élevait devant le banquier.

(Général THIÉBAULT, Mémoires, t. III, p. 92.)

(1) Duc d'Elchingen, prince de la Moskowa.
(2) Duc de Reggio.

En 1807, le général Oudinot reçoit de Napoléon I<sup>er</sup> 100.000 francs en argent et 100,000 francs en rentes sur l'Etat.

*(Correspondance de Napoléon I<sup>er</sup>, t. XVI, p. 53.)*

Si la bravoure du grenadier avait pu suppléer aux talents du général, Oudinot n'eût rien laissé à désirer.

*(Général* Berthezène, *Souvenirs militaires de la République et de l'Empire, t. I, p. 382.)*

Oudinot regarda sa blessure comme un heureux coup de fortune : en effet, elle lui permettait de déposer avec honneur le fardeau dont il était accablé. L'armée dut aussi se féliciter de cet événement : elle avait trop souffert des effets de l'incapacité de son chef pour le regretter.

*(Id., t. I, p. 387.)*

En 1814..... des généraux, tels qu'Oudinot, sans trahir matériellement l'Empereur, le desservirent avec perfidie : ils l'accusaient devant le soldat de ne pas vouloir la paix, ils lui faisaient un crime des fatigues et des privations que les troupes enduraient, et provoquaient ainsi le mécontentement et la désaffection.

*(Général* Berthezène, *Souvenirs, t. II, p. 315.)*

V. aussi : le maréchal Victor (Général Berthezène, *Souvenirs,* t. II, p. 101.)

On se remit en route et M. le Maréchal — Oudinot — resta constamment à la queue de la colonne pour faire marcher les traînards qui, en grand nombre, refusaient d'avancer. Il dut faire arrêter toutes les troupes et reprocher à ses généraux le grand nombre d'hommes qui quittèrent les rangs; mais la persuasion n'avait plus de prise sur l'esprit de ces malheureux, *exténués de fatigue et d'inanition.* A toutes les observations, ils répondaient qu'ils n'avaient pas de pain et que les cosaques leur en donneraient.

Les généraux ayant décidé qu'il fallait faire un exemple, deux soldats parmi les plus récalcitrants furent fusillés sur-le-champ par des sapeurs.

*(Journal de marche du grenadier Pils, p. 213.)*

Le 15 août (1800), le maréchal reçut le titre de duc de Reggio avec une dotation de quatre-vingt mille livres attachée à cette distinction.

*(Id., p. 85.)*

Le 12 juillet, l'Empereur quittait Saint-Cloud pour visiter les quatre camps. Dès son arrivée à Boulogne, il passa successivement toutes les troupes en revue. Lorsqu'il eut fait manœuvrer les grenadiers, le général Oudinot voulut se porter à la tête de son corps pour le faire défiler devant Sa Majesté, mais le cheval qu'il montait, effrayé par les tambours et la musique militaire, se défendit et refusa d'avancer. Le général, impatienté et ne voulant pas retarder la marche des troupes, lui passa son épée au travers du cou...

*(Id., p. 7.)*

J'ai donné l'ordre au baron de la Bouillerie, trésorier de mon domaine extraordinaire, de tenir à votre disposition une somme de cinq cent mille francs. Je désire que vous receviez cette gratification comme une marque de la satisfaction que j'ai de vos services. — NAPOLÉON.

*(Id., pièces justificatives, p. 288.)*

## Le Maréchal PONIATOWSKI

AU GRAND-DUC DE BERG, à Varsovie. — *Posen, 2 décembre 1806*..... Je connais Poniatowski mieux que vous, parce que je suis, depuis dix ans, les affaires de Pologne. C'est un homme léger et inconséquent, plus que d'ordinaire ne le sont les Polonais, ce qui est beaucoup dire. Il jouit de peu de confiance à Varsovie. — NAPOLÉON.

*(Correspondance de Napoléon I<sup>er</sup>, t. XIV, p. 13.)*

# Le Maréchal SAINT-CYR (1)

Saint-Cyr avait de sérieux défauts : jaloux de ses camarades, on l'a vu souvent tenir ses troupes au repos tandis que, auprès de lui, d'autres divisions étaient écrasées.

Jamais il ne s'informait si les soldats avaient des vivres, des vêtements, des chaussures.

(Général MARBOT, *Mémoires*, t. III, p. 108.)

A Polotsk, bien que l'immense couvent contînt plus de cent appartements qui eussent été si utiles pour les blessés, Saint-Cyr voulut y loger seul, croyant faire une très grande concession en permettant qu'on reçût dans les communs les officiers supérieurs blessés ; encore fallait-il qu'ils n'y séjournassent que quarante-huit heures, après quoi, leurs camarades devaient les transporter en ville. Les caves et les greniers du couvent regorgeaient de provisions amassées par les Jésuites : vins, bière, huile, farine, etc... tout s'y trouvait en abondance ; mais le maréchal s'était fait remettre les clefs des magasins, dont rien ne sortait, même pour les hôpitaux.

(Général MARBOT, *Mémoires*, t. III, p. 126.)

Lorsque Lucien Bonaparte quitta son ambassade pour la remettre au général Saint-Cyr, il fit cadeau à son successeur de tous ses équipages, qui le lendemain même furent mis en vente.

(Général THIÉBAULT, *Mémoires*, t. III, p. 240.)

La Commission chargée par le Gouvernement de faire le rapport sur ma pension régla mon affaire à 12,000 francs. Le ministre, de son propre mouvement, la diminua de moitié, et cela parce que Junot et lui étaient ennemis. Ce ministre était le maréchal Saint-Cyr.

(Duchesse d'ABRANTÈS, *Mémoires sur la Restauration,*
t. VI, p. 12, note.)

Voir aussi : le Maréchal Masséna. (*Correspondance de Napoléon I*er, t. XII, p. 217.)

(1) Laurent, comte, puis marquis Gouvion-Saint-Cyr.

# Le Maréchal SÉRURIER

Le général Sérurier, lit-on dans un écrit assez curieux, le général Sérurier, envoyé à Paris par Bonaparte et et beaucoup vanté par lui, a été volé à Charenton d'une somme de 40,000 livres en écus. Je ne conçois pas comment un homme aussi vertueux que M. Sérurier possédait 40,000 livres; c'était sans doute un petit cadeau que lui avaient envoyé ses parents. (Général DANICAN, *Le fléau des tyrans et des Septembriseurs*, p. 177.)

(Adjudant-général LANDRIEUX, *Mémoires*, Introd., p. 311, note.)

# Le Maréchal SOULT (1)

J'avais, sur le caractère du maréchal Soult, la conviction commune et conforme à sa réputation; ainsi j'avais peu de confiance dans sa loyauté. Junot, avec lequel j'ai toujours été très lié depuis ma première jeunesse, et qui avait un véritable et profond attachement pour moi, m'avait dit, au moment où nous nous séparions en Castille : « Tu vas avoir de fréquents rapports avec Soult. Vos points de contact seront multipliés. Défie-toi de lui, agis avec prudence; prends tes précautions; car, je t'en donne l'assurance, s'il peut, à quelque prix que ce soit, appeler sur toi de grands malheurs, il n'y manquera pas! C'est parce que j'ai eu l'occasion de le bien connaître que je t'en avertis. »

(Maréchal MARMONT, *Mémoires*, t. IV, p. 46.)

Le duc de Wellington affirma que Soult avait vingt-cinq millions à la Banque d'Angleterre. C'est à un chiffre approchant celui-ci que M. Thonnelier estimait, d'après le calcul des approvisionnements, la somme que le maréchal Soult avait dû retirer de ses bénéfices sur la vie de ses soldats en Espagne. De fait, jamais M. Thonnelier, qui était payeur général des armées françaises

(1) Duc de Dalmatie.

en Espagne, n'a pu obtenir de comptes de l'armée du maréchal Soult. Toutes les pièces comptables que le maréchal lui envoyait étaient enlevées par les guérillas. De plus, le payeur du maréchal devint riche; son ordonnateur Mathieu-Faviers, le devint davantage et fut fait pair de France lorsque le maréchal fut président du Conseil. Quel malheur pour le Trésor qu'à cette époque le temps des lettres de change tirées sur les généraux fût passé!

(Général THIÉBAULT, Mémoires, t. V, p. 380, note.)

Le lieutenant-général comte Delaborde, revenant d'Oporto, me disait à Burgos (1809), en parlant du maréchal Soult et en propres termes : « Ce bougre-là est de la race des corbeaux, il craint la poudre. » Le général de division Girard, tué à Waterloo, me raconta qu'en Andalousie, le maréchal ayant été pressé par lui de se porter à l'angle d'un mur pour voir une des manœuvres de l'ennemi, il s'y rendit à quatre pattes (1).

(Général THIÉBAULT, Mémoires, t. IV, p. 413, note.)

Soult qui, cette fois (2) comme toujours, était de sa personne à plus d'une portée de canon de l'ennemi, quand ses troupes soutenaient une vive fusillade, ne put leur ordonner de se déployer.

(Maréchal MARMONT, Mémoires, t. IV, p. 42.)

En 1807, le maréchal Soult reçoit de Napoléon Ier 300,000 francs en argent et 300,000 francs en rentes sur l'Etat.

(Correspondance de Napoléon Ier, t. XVI, p. 53.)

(1) J'ai dit que, le jour de la bataille d'Austerlitz, le maréchal eut, dit-on, une ophtalmie; qu'il l'eût ou ne l'eût pas, il se couvrit les yeux d'un taffetas vert et ne parut pas sur le champ de bataille.

(Note de THIÉBAULT.)

(2) En 1811, aux environs de Badajoz.

On peut dire du maréchal Soult qu'il a trahi tous ceux qui se sont fiés à lui comme il a trahi la morale dans ses vols de tableaux et d'argent (1), son souverain à Oporto et en Andalousie, toute justice dans ses perfidies (2), Louis XVIII en 1815, Napoléon à Waterloo, l'ancienne armée à Quiberon.

(Général Thiébault, *Mémoires*, t. IV, p. 368.)

Le maréchal Soult eut en partage, comme gouverneur (3), les départements de l'Ouest. Il y tint une conduite étrange, indigne d'un homme qui se respecte, en feignant des sentiments qu'il n'avait pas et ne pouvait pas avoir. Mais il arriva à son but, tant les Bourbons, naturellement défiants avec les gens loyaux et francs, sont facilement trompés par ceux qui flattent leurs passions.

(Maréchal Marmont, *Mémoires*, t. VII, p. 70.)

En traversant le premier salon de M. le maréchal Soult, j'ai revu ce beau tableau de l'*Ascension de la Vierge*, chef-d'œuvre que Gros place, dit-on, au-dessus de tous les Raphaëls, et je me suis rappelé une histoire

---

(1) Ses rapines sont avérées à ma connaissance par la spoliation des riches abbayes de l'Autriche pendant la campagne d'Austerlitz, par le partage de tous les profits que faisait par mois M..., chargé des services de l'armée de Naples, alors commandée par le maréchal, profits dont le dernier paiement, montant à 300 ou 400,000 francs, a été fait à Paris même audit maréchal; par les millions volés en Andalousie et par les 25 millions que, d'après la déclaration faite en 1815 par le duc de Wellington au duc de Valence, le maréchal avait à la Banque d'Angleterre; par la masse des tableaux qu'il a enlevés à Séville et dont il a eu l'impudence de tapisser les murailles de son hôtel de Paris et du château qu'il vient de bâtir en Languedoc.

(Note du Général Thiébault.)

(2) Citerai-je l'officier général Girard, auquel il montra un rapport élogieux à son sujet, alors qu'il expédiait un rapport dans lequel il l'accablait de cent calomnies? Citerai-je le général Godinot, qui, par suite d'un trait semblable, se brûla la cervelle, et cent autres avec lesquels il agit de la même manière?

(Note du Général Thiébault.)

(3) En 1814.

que l'on m'a racontée et que je raconte à mon tour. On dit qu'un amateur, admirant ce tableau, osa demander au maréchal ce qu'il l'avait payé. « Il ne me coûte que deux cordeliers. — Comment? — Oui, deux cordeliers. » Et l'Excellence raconta à l'amateur que deux moines se trouvant compromis dans une conspiration allaient être pendus, quand la communauté offrit de les racheter par ce beau tableau. Le maréchal se laissa attendrir, il accepta le tableau et les deux cordeliers ne furent pas pendus.

(Général LAMARQUE, *Souvenirs*, t. I, p. 291.)

# Le Maréchal SUCHET (1)

En 1807, le maréchal Suchet reçoit de Napoléon Ier 100,000 francs en argent et 100,000 francs en rentes sur l'Etat.

(*Correspondance de Napoléon Ier*, t. XVI, p. 53.)

L'Empereur combla, accabla le maréchal Suchet sous le poids des bienfaits les plus excessifs. Titres, fortune, grades les plus élevés, tout ce qu'on peut donner il le donna et récompensa avec une magnificence rare peut-être même parmi les souverains les plus orgueilleux et les plus vains de leur puissance. Le titre de duc d'Al-buféra fut accompagné d'un majorat de 500,000 *livres de rente!* Les Espagnols prétendent que l'étang d'Albu-féra vaut à lui seul plus de 800,000 francs annuellement.

(Duchesse D'ABRANTÈS, *Mémoires*, t. XIV, p. 190.)

Suchet refusa de concourir en 1815 à la défense du territoire.

(Général BERTHÉZÈNE, *Souvenirs*, t. II, p. 316.)

(1) Duc d'Albuféra.

## Le Maréchal VICTOR (1)

Le général Lemoine, ainsi que le général Victor, fut convaincu de vols, etc...

(V. les généraux LEMOINE et THIÉBAULT, *Mémoires*, t. V, p. 28.)

En 1807, le maréchal Victor reçoit de Napoléon I$^{er}$ 200,000 francs en argent et 200,000 en rentes sur l'Etat.

(*Correspondance de Napoléon I$^{er}$*, t. XVI, p. 53.)

Victor fut fait maréchal, non par le fait de son mérite, mais grâce à une véritable fantaisie du maréchal Lannes, bien loin de penser sans doute que, par cette élévation, il créait pour l'avenir une âme damnée de Louis XVIII. C'est Victor, en effet, que l'on fit ministre de la Guerre lorsqu'on voulut un exécuteur aveugle des hautes œuvres préméditées contre les débris des armées de la République et de l'Empire.

(Général THIÉBAULT, *Mémoires*, t. III, p. 362, note.)

Le maréchal Victor, duc de Bellune, reprochait un jour à un officier d'être venu à Paris sans permission et l'interpellait vivement sur les motifs de son voyage.

L'officier n'avait aucune bonne raison à alléguer : « Que voulez-vous, monsieur le Maréchal, dit-il : Amour, tu perdis Troie.

« — Eh bien ! monsieur, reprit vivement le maréchal, prenez garde d'être le quatrième. »

(MUSNIER-DESCLOZEAUX, *Indiscrétions*, t. II, p. 243.)

Sous le Directoire (et on volait de ce temps), une affaire comme celle d'Ouvrard (2) aurait paru si monstrueuse que dix personnes au moins auraient été fusil-

(1) Duc de Bellune.

(2) Fournisseur militaire. Par un article de son traité il s'était réservé la faculté de prendre dans les magasins de l'Etat les denrées qui s'y trouvaient, de s'en emparer au prix d'estimation, et de les livrer ensuite à l'armée au prix fixé par son marché d'urgence !

lées. Sous l'Empire (et l'Empereur passait quelque chose
à ceux qui lavaient leur faiblesse avec un baptême de
sang), le duc de Bellune, le général Andréossy, l'intendant général Sicard et tant d'autres auraient figuré
devant un Conseil de guerre, ou bien tous les traitants
de l'armée, y compris les généraux qui s'étaient faits
traitants, auraient été passés par les armes. Sous la
Restauration, les choses s'arrangèrent le mieux du
monde : *le manteau de la gloire* arriva à la fin d'une
phrase et tout fut dit.

(Musnier-Desclozeaux, *Indiscrétions*, t. II, p. 260.)

Au milieu de ces tergiversations, les ordres de l'Empereur n'avaient pas été exécutés, et les deux maréchaux
Victor et Oudinot craignaient le danger personnel attaché à cette désobéissance; il leur importait beaucoup
de la justifier, mais il leur était fort difficile de trouver
des raisons plausibles et surtout de s'entendre ensemble.
Dans cet embarras, ils feignirent de se donner une
preuve de confiance et se communiquèrent leurs rapports, dont ils parurent réciproquement satisfaits. Mais,
rentrés chez eux, ils se hâtèrent de les refaire, et, dans
ce nouveau travail qui fut envoyé à l'Empereur, ni l'un
ni l'autre n'oublia de se justifier aux dépens de son col-
lègue, et de le charger de tous les torts qui avaient fait
échouer l'entreprise. Napoléon, en recevant ces rapports à Orche, ne sut trop que penser de leur contradiction; cependant, comme il avait plus de confiance
en Oudinot, il ajouta foi en son récit, et dit au colonel
qui en avait été le porteur : « N'est-ce pas que c'est
Victor qui n'a pas voulu se battre? J'en étais sûr! »
Je tiens le fait du général Letellier.

(Général Berthezène, *Souvenirs*, t. II, p. 101.)

# LES GÉNÉRAUX

# LES GÉNÉRAUX

## Le Général AMEILH

Le général Ameilh est mort dans un des cabanons de Charenton.

(Général PÉTIET, *Souvenirs militaires*, p. 256.)

## Le Général ANDRÉOSSY

V. le maréchal VICTOR. — (MUSNIER-DESCLOZEAUX, *Indiscrétions*, t. II, 260.)

## Le Général d'AOUST

Eustache d'Aoust, né à Douai en 1763..., fut envoyé à l'échafaud le 2 juillet 1794.

(LALANNE, *Dictionnaire historique de la France*.)

## Le Général ARNAULT

Après la bataille des Arapiles..... tout à coup j'aperçois, débouchant du bois (1), un chapeau de général ; je cours à lui, je l'appelle : « Général! — Qui vous dit que je suis général? — Votre chapeau. — Eh! bien, oui, mon ami, je suis le général Arnault ; j'ai perdu ma brigade, mon aide de camp, mon cheval tué sous moi, heureux d'avoir rencontré celui de troupe que je monte!... Que voulez-vous? — Je lui explique la position critique dans laquelle j'ai laissé mon régiment à un quart de lieue envi-

(1) Parmi les fuyards.

ron, l'engageant à venir à moi, ajoutant: Votre présence sauvera de braves soldats, etc... — Votre régiment est pris! — Non, général; venez, venez au nom de tout ce que vous avez de plus cher, votre vie, compromise, si vous suivez ces fuyards; venez, vous aurez deux bataillons braves et dévoués pour escorte... » Je ne voulais pas lâcher mon général trouvé; je le décide enfin. Heureux d'avoir trouvé un sauveur pour mon régiment, je m'empresse de passer devant lui pour lui indiquer le chemin, il me suit... J'avais à peine fait quatre temps de trot de cheval que, me retournant pour jouir de ma conquête si péniblement acquise, je vis qu'elle m'avait abandonné.

(LEMONNIER-DELAFOSSE, Campagnes, p. 165.)

## Le Général AUGEREAU

Le général de brigade Augereau mourut de chagrin à Berlin, où il avait été envoyé pour être jugé.

[(Général BERTHEZÈNE, Souvenirs, t. II, p. 142.)

## Le Général BAGNERIS

Quoique borgne, Bagneris, en fait d'intérêt, n'était ni myope, ni borgne; il est mort fort riche.

(Général THIÉBAULT, Mémoires, t. IV, p. 202, note.)

## Le Général BALLAND

Bonaparte se fit rendre compte des contributions payées par la ville de Vérone. Le général Balland avait reçu 200,000 livres.

(TROLARD, De Montenotte au Pont d'Arcole, p. 390.)

## Le Général BEAUHARNAIS

Alexandre, vicomte de Beauharnais, né à la Martinique en 1760, guillotiné le 23 juin 1794... Traduit devant le Tribunal révolutionnaire comme coupable d'avoir, par une inaction de quinze jours, à la tête de son armée, causé la perte de Mayence, il fut condamné à mort et exécuté.

(LALANNE, *Dictionnaire historique de la France*.)

## Le Général BEAUMONT

A Béné (1797)... Marc Beaumont fit fusiller deux hussards sans procès.

(Adjudant-général LANDRIEUX, *Mémoires*, t. I, p. 62.)

## Le Général BELLIARD

En 1807, le général Belliard reçoit de Napoléon Ier, 100,000 francs en argent et 100,000 francs en rentes sur l'Etat.

*(Correspondance de Napoléon Ier*, t. XVI, p. 53.)

V. le pharmacien-principal Flamand.

## L'Adjudant-Général BERNARD

L'adjudant-général Bernard était un coupe-jarret de premier ordre.

(Général BIGARRÉ, *Mémoires*, p. 42.)

## Le Général BERTHELOT

AU GÉNÉRAL BERTHIER. — *Saint-Cloud, 28 germinal an XII.* — ... Demandez au général Jourdan des renseignements sur le citoyen Berthelot, chef de la 1re demi-brigade de ligne, qui, à ce qu'il paraît, s'abandonne au jeu, conduite indigne d'un officier qui, père de famille et ayant 2,000 enfants à soigner, leur doit l'emploi de tout son temps et l'exemple d'une bonne conduite. — BONAPARTE.

*(Correspondance de Napoléon Ier*, t. IX, p. 420.)

## Le Général César BERTHIER

Au maréchal Berthier. — *Saint-Cloud, 8 septembre 1806.* — Le chef de l'état-major de l'armée de Naples, votre frère, fait beaucoup de sottises et correspond, sans prendre les ordres du roi, qui est le général de l'armée, avec Sidney Smith. Faites-lui sentir combien se livrer est inconséquent. — Napoléon.

*(Correspondance de Napoléon Ier, t. XIII, p. 192.)*

Au roi de Naples. — *Saint-Cloud, 8 septembre 1806.* — Je vois avec une extrême surprise que le chef d'état-major, ou tout autre officier dans l'armée, ose correspondre avec l'ennemi sans votre autorisation. C'est une chose étrange. Le général César Berthier ignore donc le premier devoir de son métier ? Vous auriez dû mettre huit jours aux arrêts le général Berthier, et, à la première récidive, le destituer. J'écris à son frère pour lui témoigner combien je suis mécontent de sa conduite. — Napoléon.

*(Correspondance de Napoléon Ier, t. XIII, p. 196.)*

Le général César Berthier ne resta qu'un an à Turin, et y fit quinze cent mille francs de dettes. Il recevait ses créanciers à coups de canne. Un matin, on lut sur les portes des chantiers de Turin, cette inscription : *Hôtel des Monnaies de M. le général Berthier.*

*(Musnier-Desclozeaux, Indiscrétions, t. I, p. 269.)*

## Le chef d'état-major Léopold BERTHIER

Tandis que toutes les récompenses étaient annotées et motivées dans le rapport du général en chef, le sabre d'honneur accordé à Léopold Berthier ne l'était pas ; c'est, qu'en effet, un seul prétexte pouvait être invoqué et qu'il aurait fallu le libeller ainsi : « Parce que cet officier est frère de son frère Alexandre. » Chef d'état-major général, Léopold Berthier avait peu de style et d'orthographe ; comme militaire, aucun fait d'armes ne pouvait lui être attribué, pas plus qu'à son autre frère César, qui n'a jamais conquis non plus un seul des grades qu'il a reçus.

(Général THIÉBAULT, *Mémoires*, t. II, p. 405.)

## Le Général BERTRAND

En 1807, le général Bertrand reçoit de Napoléon Ier, 100,000 francs en argent et 100,000 francs en rentes sur l'Etat.

(*Correspondance de Napoléon Ier*, t. XVI, p. 53.)

## Le Général BEYSSER

Beysser (Jean-Michel), général républicain, né à Ribeauvillé (Haut-Rhin), en 1734, exécuté à Paris, le 13 avril 1794.

(LALANNE, *Dictionnaire historique de la France.*)

## Le Général BIGARRÉ

A une certaine époque où le roi Joseph (1) put se permettre de faire quelques libéralités envers les officiers de sa maison, il donna à chacun de ses colonels géné-raux deux millions de réaux et à chaque aide de camp un million. Ses aides de camp étaient au nombre de douze, que je crois devoir nommer par rang d'ancien-neté, afin d'affirmer ce que j'avance :

Franceschi, général;
Stroltz, général;
Bigarré, général;
Guy, général;
Henri Tascher de la Pagerie, colonel
Marius Clavy, colonel;
Firmin Marié, colonel;

(1) Alors roi d'Espagne.

Rœderer fils aîné, colonel;
Desprès, colonel;
Clermont-Tonnerre, général;
Lafon-Blaniac, général;
Le marquis de Casa-Palacio, général.

(Général BIGARRÉ, *Mémoires*, p. 253.)

## Le Général BIRON

Armand-Louis de Gontaut, duc de Lauzun, puis duc de Biron, fut condamné à mort comme conspirateur et mourut sur l'échafaud le 31 décembre 1793.

(LALANNE, *Dictionnaire historique de la France*).

## Le Général BISSON

Un jour, l'Empereur ayant rencontré à Berlin le général Bisson, lui dit : « Eh! bien, Bisson, bois-tu toujours bien? — Comme çà, Sire, çà ne passe plus les vingt-cinq bouteilles. » C'était en effet un grand amendement chez lui, car il avait plus d'une fois atteint la quarantaine.

(CONSTANT, *Mémoires*, t. VI, p. 194.)

V. aussi le Général PIET DE CHAMBEL. (Général THIÉBAULT, *Mémoires*, t. III, p. 190.)

## Le Général BONTÉ

Le général Bonté, le plus mal nommé des hommes, car il n'était bon en rien et pour rien. Il n'y avait dans cet officier, sans éducation et sans capacité, que mauvaise foi, mauvais vouloir et mauvais procédés.

(Général THIÉBAULT, *Mémoires*, t. IV, p. 530.)

## Le Général de BOUILLÉ

Le général marquis de Bouillé... intrigua auprès des rois étrangers pour les engager à une invasion qu'il s'offrait à guider lui-même.

(*Dictionnaire Larousse.*)

## Le Général BRUNET

Le général Brunet, accusé de trahison, fut guillotiné.

(Général ROGUET, *Mémoires*, t. I, p. 108.)

## Le Général BRUYÈRES

Je veux parler du dîner d'adieu que donna Bruyères, lorsqu'il quitta enfin Rome pour retourner à Milan, dîner dont je me trouvai faire partie et pendant lequel les verres, les carafes, bouteilles, assiettes et plats furent jetés par les fenêtres ou brisés sur place. Bruyères avait donné l'exemple, sans réfléchir que cette ruineuse extravagance, jointe au train si luxueux qu'il avait mené, achevait de prouver que l'argent ne lui coûtait guère à gagner. Ce fut au reste un spectacle comique que la stupéfaction des garçons, qui, croyant recevoir, en échange des assiettes blanches, celles qui avaient servi, les voyaient voler par la fenêtre ou contre les murailles, ou tomber à terre comme par mégarde. A la nouvelle de cette destruction, le maître d'auberge survint, et, n'ayant jamais rien vu de semblable, il avait peine à en croire ses yeux. Ne sachant que dire et que faire, il pria du moins que l'on fît grâce à je ne sais plus quelle pièce de service et à une pile d'assiettes plus belles que les autres; mais son air piteux ne fit que hâter ce qu'il redoutait et rendre la scène plus burlesque, par la manière dont un des convives lui démontra du plus grand sérieux que ce qu'il demandait était impossible, puis, tout en lui parlant, prit, comme par distraction, des assiettes de la belle pile, et, gesticulant avec, en cassa contre sa tête une demi-douzaine.

(Général THIÉBAULT, *Mémoires*, t. II, p. 185.)

## Le Général CAFFARELLI

En 1807, le général Caffarelli reçoit de Napoléon I<sup>er</sup> 100,000 francs en argent et 100,000 francs en rentes sur l'Etat.

*(Correspondance de Napoléon I<sup>er</sup>, t. XVI, p. 53.)*

# Le Lieutenant-Général de CANOLLE

C'était un modèle accompli de sottise.

Informé qu'il allait être complimenté par les poissardes, il composa et leur débita, avec une emphase digne du reste, ce discours qui devint célèbre, que cependant j'avais oublié, mais que le colonel de Forceville avait écrit dans le temps, et qui est assez caractéristique pour que je le copie :

« Liberté, égalité, fraternité ou la mort.

« Mesdames, citoyennes, sœurs et amies,

« La reconnaissance est un devoir prépondérant pour tout cœur qui s'en est fait un besoin. Au reste, vous n'en ignorez pas et je connaissais assez le physique de la chose, pour croire que l'impulsion des accessoires vous fera toujours chérir l'humanité dans la personne de nos cœurs.

« Vive la République ! »

C'est encore lui qui disait à un agent des vivres : « Je prétends que le sol de ma division soit toujours couvert de comestibles »; et à des soldats : « Camarades, quand vous n'aurez pas de pain, j'irai manger la soupe avec vous. »

(Général Thiébault, Mémoires, t. I, p. 369.)

# Le Général CANUEL

Canuel s'offrait à ma vue faisant fusiller en sa présence toutes les victimes de Quiberon et portant à son chapeau, et comme cocarde, des oreilles de Vendéen.

(Général Thiébault, Mémoires, t. V, p. 241.)

Une demande de récompense, faite par le général Rossignol pour Canuel, consacrée par l'implacable *Moniteur*, est motivée sur la manière dont il avait non pas combattu, mais puni les brigands, et cet acte héroïque était le massacre des Vendéens dans l'hôpital de Fougères, auquel Canuel avait prêté son bras. Pendant l'Empire, sa vie fut obscure. A la Restauration, il se mit en avant et protesta de son zèle. Le général Canuel, voulant faire étalage de sa fidélité, tint un jour cet horrible propos : « J'ai marché, disait-il, dans le sang jusqu'à la cheville pour la République ; pour les Bourbons, ce sera jusqu'aux genoux. »

(Maréchal MARMONT, Mémoires, t. VII, p. 235.)

## Le Général CARNOT

La Vallette écrit le 26 thermidor : « Le discours de Carnot a produit de bons effets. Cependant les patriotes ne croient pas à sa sincérité. »

Il écrit le 29 : « Voici mot pour mot ce que m'a dit Barras, avant-hier, après dîner : Enfin j'ai déchiré le voile ce matin au Directoire... J'ai dit à Carnot : Tu n'es qu'un vil scélérat ; tu as vendu la République et tu veux égorger ceux qui la défendent, infâme brigand ! Alors je me suis levé. Il n'y a pas un pou de ton corps qui ne soit en droit de te cracher au visage. Carnot me répondit d'un air embarrassé : Je méprise vos provocations, mais un jour j'y répondrai. »

(BOURRIENNE. Mémoires, t. I, p. 243.)

## Le Général marquis de CASA-PALACIO

V. le général Bigarré.

## Le Général CAULAINCOURT (1)

En 1807, le général Caulaincourt reçoit de Napoléon Ier 100,000 francs en argent et 100,000 francs en rentes sur l'Etat.

(Correspondance de Napoléon Ier, t. XVI, p. 53.)

(1) Duc de Vicence.

## Le Général CHABRAN

Dès son arrivée à Brescia, Chabran fit sommer la municipalité de lui payer 40,000 livres pour le prêt de sa troupe qui, disait-il, était dû depuis six mois, alors qu'elle était soldée presqu'à la veille du départ de Milan.

(Adjudant-général LANDRIEUX. *Mémoires*, introd., p. 240, note.)

Le général Chabran, traversant un jour Brescia avec quelques troupes, se fait remettre par la municipalité 40,000 livres, qu'il charge immédiatement sur une voiture, conduite par le père de la femme avec laquelle il vivait.

(TROLARD. *De Montenotte au Pont d'Arcole*, p. 190.)

## Le Général CHAMPIONNET

Huit ou dix jours après notre entrée à Naples, je reçus du général Dufresse un billet portant en suscription : « Pour vous seul », et contenant l'invitation de venir toucher chez lui, en témoignage de la satisfaction du général en chef, la somme de 25,000 francs, et de rapporter le billet en bas duquel mon nom devait être écrit.

Je me rendis de suite chez le général Championnet et je lui dis que si ma reconnaissance n'avait plus d'expression, je le priais de croire qu'elle n'aurait jamais de terme. « Vous aurez compris, me répondit-il avec sa bonté accoutumée, que les grades n'ont pas été les seules bases de ma répartition, et, quoique ce soit à vous que vous deviez ce que j'ai fait, il est inutile de parler de la somme que vous avez reçue. »

J'ai su de Pamphile Lacroix, fait adjudant-général peu de jours après moi, qu'il avait reçu 12,000 francs; j'ai su du général Kellermann qu'il avait reçu 20,000 francs, et ce n'était pas assez; et j'ai su du général Duhesme qu'il avait reçu 100,000 francs.

(Général THIÉBAULT. *Mémoires*, t. II, p. 427 et suiv.)

Championnet avait imaginé de payer les fournitures avec un permis d'exporter cent mille charges de blé de Marseille à Gênes.

(DE SAINT-ALBIN. — Championnet, p. 246.)

## Le Général CHARBONNIER

S'il ne put se faire aucune réputation militaire, il s'en fit une d'un autre genre ; il amusa son armée et même toutes les armées de la République par des anecdotes dont quelques-unes serviront d'échantillon. Il ne s'occupait que de boire et de manger, ce qu'il appelait « pomper les huiles et chiquer les légumes ». On vint lui dire un jour : « Général, l'ennemi attaque votre ligne. — Oui. Ah bien ! il sera joliment reçu ! » Et, comme il ne bougeait pas, quelqu'un ajouta : « Mais, général, vous n'allez pas rejoindre vos troupes ? — Mes troupes ! Ah ! soyez donc tranquille, elles sont composées de petits mâtins qui savent leur affaire mieux que moi. »

On lui faisait savoir de Paris qu'il ne faisait rien, et que s'il tardait à battre l'ennemi il serait destitué ! Trois jours après, il écrivit au Comité de Salut public ce qui suit : « Citoyens représentants, j'ai attaqué sur tous les points les satellites du despotisme. Partout les esclaves épouvantés ont fui devant les sans-culottes de l'armée des Ardennes ou sont tombés sous leurs coups. En attendant ceux des tyrans, leurs cadavres jonchent la terre de la liberté. Vive la République ! Fraternité ou la mort. » Il eut une mention honorable et n'avait pas bougé.

(Général THIÉBAULT, Mémoires, t. I, p. 446.)

C'est ce même général Charbonnier qui, recevant un jour une dépêche de la Convention, et trouvant qu'il lui fallait attendre des ordres ultérieurs, a passé huit jours à chercher le village ultérieur sur la carte.

(Duchesse d'ABRANTÈS, Mémoires, t. IV, p. 239.)

Que dire de Charbonnier, général de division à l'armée de Sambre-et-Meuse, que Vandamme, commandant une brigade sous ses ordres, trouvait ivre-mort à table, un jour de bataille, et qui fut destitué pour son inconduite? L'anecdote suivante suffira pour montrer ce qu'il était.

En 1823, un régiment d'infanterie arrivait à Givet pour y tenir garnison; conformément au règlement que nous avons vu en vigueur jusqu'en 1853, la colonne s'arrêtait avant de franchir les fossés de la fortification, et le major de la place lui donnait lecture des ordres permanents de la garnison. A la suite de consignes plus ou moins bizarres se trouvait celle-ci : « Défense est faite à tous sous-officiers et soldats d'aller boire avec le ci-devant général Charbonnier. »

(Général Thoumas, Conseils militaires, t. I, p. 212.)

## Le Général CHASSELOUP

En 1807, le général Chasseloup reçoit de Napoléon I<sup>er</sup> 100,000 francs en argent et 100,000 francs en rentes sur l'Etat.

(Correspondance de Napoléon I<sup>er</sup>, t. XVI, p. 53.)

## Le Général CHEVALIER

A Castelnuovo, le général Chevalier, chargé de désarmer le village, s'empara non seulement de la caisse autrichienne, qu'il garda pour lui, mais encore de l'argent appartenant à un comte Morando.

(Trolard, De Montenotte au pont d'Arcole, p. 222.)

## Le Général CLAPARÈDE

Je me rappelle une petite anecdote relative au général Claparède. Elle n'étonnera personne de ceux qui l'ont connu, mais elle est caractéristique. Il avait sous ses ordres la légion de la Vistule : au moment où la division

Friant était le plus vivement pressée, le roi de Naples lui ordonna de marcher sur le flanc de l'ennemi, et de l'aborder franchement. « Colonel! dit Claparède à l'officier qui commandait en second, vous entendez les ordres du Roi? » Et il resta imperturbablement auprès de Murat stupéfait de tant d'effronterie.

(Général Berthozène, Souvenirs, t. II, p. 59, note.)

Le général Claparède parvint à persuader au comte d'Erlon que, pour assurer sa marche, il fallait qu'il fût chargé par lui de flanquer sa droite, c'est-à-dire de battre et de rejeter sur la droite du Douro tous les insurgés du corps de partisans qui, dans la direction de Coïmbre, se trouvaient sur la gauche de la rivière. Cet ordre, rédigé par lui, lui donna carte blanche. Le temps qu'il pouvait rester éloigné de l'armée, la distance à laquelle il devait se tenir d'elle ne furent pas déterminés; et comme on ne tarda pas à être sans communications, et qu'il se tint hors de la distance possible pour recevoir des ordres, il fit la guerre à son profit. En supposant de ces combats que, dans les guerres de peuple, au moyen de quelques coups de fusil tirés en l'air ou contre les murailles, ou contre des gens sans armes, on imagine impunément, il leva des contributions énormes dont il ne rendit jamais compte, et il ne quitta un canton, pour en exploiter un autre, que quand il en eut tiré la quintescence. Cette campagne de pillages et de concussions le fit assez riche pour suffire, pour le reste de sa vie, à ses prodigalités, à son luxe et aux caprices de je ne sais plus quelle demoiselle, et cela sans lui barrer la route ni des faveurs sous la Restauration, ni des emplois, ni des honneurs qui, comme le dit Guibert, sont si indépendants de l'honneur, et même elle ne l'empêcha pas d'être porté à la Chambre des pairs, où il siège encore honoré.

(Général Thiébault, Mémoires, t. IV, p. 422.)

## Le Général DE CLERMONT-TONNERRE

. . . Clermont-Tonnerre ou Clermont-Pétard, l'un des jésuites les plus impudents. Je passais avec le général

Foy sur le Pont Royal au moment où ce Clermont, alors ministre, nous croisa dans sa voiture pour se rendre aux Tuileries. « Tenez, me dit Foy en me le montrant, voilà un homme à qui, dans mon régiment, personne ne disputait la réputation d'être le plus mauvais officier du corps. »

(Général Thiébault, Mémoires, t. V, p. 316.)

V. aussi le général Bigarré.

## Le Général CUSTINE

Il est malheureux pour l'honneur de sa mémoire que son nom commence la liste des chefs dont l'ambition effrénée et les scandaleuses dilapidations font un si grand contraste avec le patriotisme généreux et désintéressé des soldats.

(A. Hugo, France Militaire, t. I, p. 17.)

Toutes les courses et toutes les expéditions de Custine sur le Rhin n'eurent en définitive d'autres résultats que la levée de contributions si énormes que la Convention nationale crut devoir en faire aux villes imposées la remise d'une partie. On doute même que le Trésor national ait retiré de grands avantages du surplus qui devait entrer dans les caisses de la République.

(A. Hugo, France Militaire, t. I, p. 20.)

Il fut rappelé, arrêté, puis traduit au tribunal révolutionnaire, condamné à mort et exécuté.

(Lalanne, Dictionnaire historique de la France.)

## Le Général DAGUENET

Le général Daguenet, à Milan, patronait une entreprise de contrebande au préjudice de la République cisalpine. Des observations lui furent adressées d'abord par le gouvernement cisalpin, puis par le gouvernement français, mais il n'en tint aucun compte et continua, à la barbe des Italiens qui lui payaient sa solde, de faire de son mieux pour attirer à lui une partie de leurs recettes.

(Trolard, De Montenotte au Pont d'Arcole, p. 441.)

## Le Général DARMAGNAC

A Burgos, je me rendis chez le général Darmagnac. J'y étais à peine lorsqu'il reçut la nouvelle de l'assassinat d'un soldat. Il nous régala du monologue suivant : « Pauvre bougre!... pauvre bougre!... Je te vengerai, fût-ce sur cent innocents!... Oui, je le sens, la colère me domine et le sang demande du sang. » C'eût été une scène des boulevards, si ce n'avait pas été une scène de véritable sauvagerie. J'étais révolté, mes aides de camp ne l'étaient pas moins, et nous nous indignâmes d'avoir à passer deux heures avec cet ex-cuisinier, joignant une ignorance de marmiton à la brutalité d'un manant et traitant les hommes comme il avait appris à traiter les lapins et les dindons.

(Général Thiébault, Mémoires, t. II, p. 281.)

Le lendemain du jour de l'arrivée de nos ordres, parcourant de nouveau la ville, je vis un paysan tenant une lettre dont il paraissait ne savoir que faire. Je me la fis remettre ; elle était adressée à un nommé Astulez à Palenzuena. Je savais déjà que de ce côté s'étaient faits et se faisaient encore des enlèvements de grains, et que cet Astulez était un des agents les plus employés dans ces sortes d'opérations. C'était plus qu'il n'en fallait pour garder la lettre ; elle était écrite, mais non signée, par l'aide de camp du général Darmagnac. En voici des fragments : « Comme vous savez que si nous ne prenons pas d'autres prendront, je trouverais à propos que vous en expédiez 200 fangues (de grains) pour votre compte et le mien. Je me repose sur vous... Mais, chut. Silence. Nous n'avons rien à nous reprocher, puisque le blé n'est pas au général. Adieu, assurez le coup. » Et pour post-scriptum : « Vous concevez qu'il ne faut pas adresser le blé pour notre compte au général. » Ainsi le général Darmagnac, spéculant sur le renchérissement des grains, fruit de sa criminelle administration, et sur la disette qui était son ouvrage, avait fait voler des grains pour son compte; ainsi, et par la même occasion, ses voleurs en volaient à leur profit et l'aide de camp partageait avec eux.

(Général THIÉBAULT, *Mémoires*, t. IV, p. 287.)

## Le Général DAUMÉNIL

Dans la matinée (1), les guides avaient chargé l'arrière-garde autrichienne et enlevé un riche convoi. Dans le lot qui lui était échu pour sa part de butin, Dauménil possédait une caisse de bijouterie et d'horlogerie.

(Général AMBERT, Portraits, p. 229.)

Dauménil avait, il faut bien le confesser, conquis plusieurs fois les galons de brigadier (2), et même ceux de maréchal des logis; mais, hélas! on était en campagne : l'action, le mouvement, l'ardeur du sang, l'occasion, la jeunesse, faisaient perdre ces galons si rudement gagnés.

(Général AMBERT, Portraits, p. 231.)

## Le Général DELABORDE

V. le Général Junot.

(Général THIÉBAULT, *Mémoires*, t. IV, p. 158.)

## Le Général DELMAS

Bonaparte mit aux arrêts le général Delmas pour avoir frappé des soldats avec une canne.

(TROLARD. *De Rivoli à Marengo*, p. 82, note.)

(1) En 1797.
(2) En 1808.

## Le Général DESPINOIS

A Castiglione, le général Bonaparte fit au général Despinois un compliment qui devint célèbre et fut accompagné de la perte du commandement de sa division et de son renvoi de l'armée. Ce général était venu faire sa cour au général en chef comme beaucoup d'autres généraux. En l'apercevant, celui-ci lui dit :

« Général, votre commandement de la Lombardie m'avait bien fait connaître votre peu de probité et votre amour de l'argent ; mais j'ignorais que vous fussiez un lâche. Quittez l'armée, et ne paraissez plus devant moi. »

(Maréchal Marmont, Mémoires, t. I, p. 212).

## Le Général DESPINOY (1)

Despinoy, qui en 1815 et 1816 devait contribuer à faire à Paris tant d'autres victimes dans des catégories différentes, m'apparaissait toujours exigeant la mort de trois cents malheureux émigrés, pris à Figueira, et qui, sans lui, eussent été sauvés ; il m'apparaissait chassé de l'armée d'Italie par le général Bonaparte en ces termes consignés au Moniteur : « Je savais que vous étiez un lâche, mais je ne savais pas que vous fussiez un voleur. »

(Général Thiébault, Mémoires, t. V, p. 241.)

Despinoy eut à Milan quelques amis, entre autres dans la société des nobles, où il se faisait appeler marquis et signait d'Espinoy. Disons de suite, pour permettre de juger des actes du nouveau gouverneur, que le général marquis d'Espinoy commandait à Paris, lors du procès des quatre sergents de La Rochelle, qu'il fut chargé de l'instruction et promit à ces infortunés de les faire acquitter, s'ils consentaient à avouer. Ils avouèrent... On sait le reste.

(Trolard, De Rivoli à Marengo, p. 280.)

(1) Ce général ne fait évidemment qu'un avec le précédent ; mais nous avons respecté l'orthographe de son nom donnée par les auteurs cités.

## Le Général DIRK VAN HOGENDORP

En 1811, on prodigua les faveurs et les grâces. J'obtins une dotation en majorat avec le titre de comte. Ce majorat, situé dans le pays de Brunswick, me valait trente mille francs de revenu annuel. C'était une ancienne abbaye de Bénédictins, nommée Saint Ludgers, tout auprès de la ville de Helmstadt, et sécularisée en faveur du duc de Brunswick par la paix de Lunéville. J'avais donc, avec mon traitement de trente mille francs comme général de division, et un autre de vingt-quatre mille francs comme aide de camp de l'Empereur, un revenu de 84,000 francs.

(Général DIRK VAN HOGENDORP, *Mémoires*, p. 277.)

## Le Général DOMMARTIN

Quartier général, au Caire, 17 frimaire, an VII.

Au général Berthier,

Personne n'a le droit de prendre les bateaux (1); si le général d'artillerie en a besoin, il faut qu'il les paye. — BONAPARTE.

(*Corresp. de Napoléon I$^{er}$*, t. V, p. 241.)

## Le Général DONNADIEU

Jamais mes regards ne se portèrent sur la figure satanique de Donnadieu sans croire y lire le récit que me fit Monthion à son sujet. En 1793, Monthion était l'aide

(1) Le général Dommartin avait enlevé plusieurs bateaux appartenant à des particuliers.
(*Note de la correspondance de Napoléon.*)

de camp du général Turreau, et Donnadieu se trouvait sous ses ordres. Informé qu'un gentilhomme des environs réalisait tout ce qu'il possédait pour émigrer, ce Donnadieu fit guetter et guetta ce gentilhomme qui partait vers le soir afin de gagner huit ou dix lieues avant qu'on sût sa disparition, et seul pour ne pas donner l'éveil, et à cheval afin de ne pas prendre une voiture publique aussi près du pays où il pourrait être reconnu ; puis le futur vicomte Donnadieu courut l'attendre au coin d'un bois, l'y surprit à la nuit tombante, le tua et revint chargé d'une tirelire qui, en or, contenait une somme considérable. Et, au retour, il poussa l'infamie jusqu'à se vanter de son haut fait, qu'il taxait de justice révolutionnaire.

(Général Thiébault, Mémoires, t. V, p. 242.)

## Le Général DORSENNE

Le général Dorsenne, fils d'un cloutier, a dû ses premiers avancements aux avantages physiques qu'il a reçus de la nature. Il est grand et d'une beauté remarquable. Sa figure est celle d'Adonis, son maintien celui d'Achille : il serait très difficile d'être plus fat... Il passe tous les matins une heure et demie à sa toilette : son valet de chambre dispose avec art les crochets de ses cheveux, son uniforme est coupé dans le dernier goût, ses bottes brillent comme des miroirs, les plis de son col sont comptés et parfaitement dessinés. Les femmes en raffolent. Quelques officiers malins l'appellent le général de mélodrame.

(Cadet de Gassicourt, Voyage en Autriche, p. 109.)

A Burgos... Dorsenne avait fait placer trois énormes potences, et à ces potences pendaient toujours trois prétendus affiliés ou complices des guérillas. Un matin, il n'en vit plus que deux ; en effet, pendant la nuit, la famille du troisième pendu avait enlevé le corps, afin de lui rendre les honneurs de la sépulture, et de suite le général Dorsenne fit donner au commandant de place l'ordre de prendre un homme dans les prisons de la ville et de le faire pendre à l'instant à la potence qui se trouvait disponible... Cet acte ne devait pas être le dernier.

(Général Thiébault, Mémoires, t. IV, p. 404.)

Le général Dorsenne ne tarda pas à me révéler que comme homme il était digne de ce qu'il était comme chef militaire. Il me demanda un travail général sur la situation des Castilles; je le lui portai signé de moi.

A quinze jours de là, j'étais dans son cabinet; il se mit à me lire des lettres, lorsqu'une inconcevable distraction lui fit commencer la lecture d'une lettre du prince de Neuchatel débutant ainsi : « L'Empereur a été si content du travail que vous avez fait sur les ressources de la Vieille-Castille qu'il l'a porté au Conseil d'Etat, où il l'a fait discuter en son... » Et seulement à ce moment il se rappelle que le travail est de moi, qu'il m'a déclaré l'avoir fait partir avec mon nom, etc..., etc... Jamais homme ne fut plus décontenancé; il balbutia quelques mots, très maladroitement destinés à me donner le change, referma sa liasse comme il put, tâcha de parler d'autre chose, et quoique mon impassibilité dût l'aider à se remettre, il avait encore la figure décomposée quand je le quittai.

(Général Thiébault, Mémoires, t. IV, p. 408.)

## Le Général DROUOT

Plusieurs officiers sous les ordres de Drouot... l'accusaient d'affecter une grande sobriété et de manger seul, en cachette, les provisions secrètes qu'il avait en abondance; enfin ils en faisaient un égoïste, un tartufe militaire dévoré d'ambition et sacrifiant tout pour se faire valoir et avancer.

(Colonel Pion des Loches, Mes Campagnes, p. 318.)

Le général Sorbier lui dit un jour en présence de plusieurs officiers qu'il n'était qu'un hypocrite et un homme cherchant à se faire valoir. Le général n'aimait pas les fanfarons. Souvent il avait envoyé Drouot sur les derrières chercher du canon qu'il lui reprochait d'avoir abandonné, et toujours en vain. Rentrant un jour d'une de ses courses infructueuses, Drouot raconta au général qu'il avait été enveloppé par un parti de cosaques, qu'il s'était défendu à l'aide de quelques fantassins, avait pris le fusil de l'un d'eux et fait feu sur les cosaques, qui s'étaient enfuis. Sorbier lui rit au nez.

(Id., p. 329.)

## Le Général DUFRESSE

Mombello, 18 messidor an V.

Au Général Berthier,

Vous voudrez bien donner l'ordre au général de brigade Dufresse de restituer sur-le-champ tout ce que sa femme a pris, à Mestre, aux différents propriétaires et, entre autres, les voitures de la maison où l'a logée le citoyen Erizzo. — BONAPARTE.

(Correspondance de Napoléon I<sup>er</sup>, t. III, p. 228.)

## Le Général DUHESME

Immédiatement après la reddition de Pescara, le général Duhesme me dit : « La solde est arriérée, et différents services manquent de fonds; j'en ai besoin pour mon espionnage. En outre, j'ai un rang et une famille que je compte pour 200,000 francs. Ainsi vous allez choisir douze officiers, vous les enverrez lever 500,000 francs dans les Abruzzes. »

(Général THIÉBAULT, Mémoires, t. II, p. 310.)

V. aussi le général Championnet.

## Le Général DULAULOY

M. le maréchal Soult m'avait ordonné une réquisition de chevaux; le général m'ordonna de monter à cheval de grand matin et de prendre tous les chevaux. Bientôt ils furent amenés en foule. Cependant on porte plainte au gouverneur qui m'envoie chercher; je lui rends compte des ordres du général. J'ignore la suite de l'affaire, je sais seulement que les chevaux confisqués ne furent pas rendus, que l'artillerie en reçut un très petit nombre, et que plus d'une puissance fit entrer les plus beaux dans son écurie.

(Colonel PION DES LOCHES, *Mes Campagnes*, p. 228.)

Dulauloy et Lallemand arrêtaient tous nos fonds à Paris; ils en disposaient arbitrairement, à tel point que Dulauloy renvoya nos fournisseurs ordinaires et donna la pratique du régiment à un de ses anciens aides de camp. Celui-ci achetait ou plus bas prix tous les mauvais draps qu'il pouvait trouver à Paris, et Dulauloy les faisait payer par le gouvernement au prix des tarifs.

(Colonel PION DES LOCHES, *Mes Campagnes*, p. 359.)

## Le Général DUMERBION

Le général Dumerbion était valétudinaire; la goutte le tourmentait presque continuellement, et de plus il était affligé d'une hernie qui l'empêchait de monter à cheval.

(Maréchal MASSÉNA, *Mémoires*, t. I, p. 31.)

## Le Général DUMOURIEZ

Dumouriez (Charles-François), célèbre général, né à Cambrai en 1739, mort à Turville-Park (comté de Buckingham) le 14 mars 1823...

..... Mandé à la barre de la Convention, il entama des négociations avec les Autrichiens, et quand le ministre de la guerre Beurnonville, accompagné de quatre commissaires de la Convention, vint le sommer d'obéir, il les fit arrêter, les livra à l'ennemi (1er avril 1793), et, trois jours après, passa lui-même avec le duc de Chartres au camp autrichien où 1,500 hommes vinrent le rejoindre. Il mena pendant quelque temps une vie errante et finit par se fixer en Angleterre où il fut pensionné par le gouvernement anglais auquel il ne cessa de fournir des plans de campagne qui furent, à ce qu'il paraît, utilisés plus d'une fois...

(LALANNE. Dictionnaire historique de la France.)

## Le Général DUPAS

Le général Dupas, fatal aux Hambourgeois, disait d'eux : « Tant que je verrai ces b......-là rouler carrosse, je pourrai leur demander de l'argent. » C'était un gaspillage dont on ne peut pas se faire d'idée ; et le général Dupas coûta plus à la ville qu'aucun de ses prédécesseurs.

J'ai vu le compte des dépenses qu'on fit pour lui ; ce compte se montait pour vingt-et-une semaines qu'il resta à Hambourg, à 122,000 marcs, environ 183,000 fr.

(BOURRIENNE. Mémoires, t. VIII, p. 56.)

Lorsque Bernadotte revint à Hambourg, il envoya Dupas à Lubeck. La dépense qu'il y fit devint tellement exagérée que la ville de Lubeck ne pouvait réellement plus y suffire. Le général Dupas reçut, par une sorte d'abonnement, chaque jour vingt louis pour les frais de sa table seulement, mais ce ne fut pas sans grommeler entre ses dents des plaintes et des menaces qu'il consentit à cette concession et il s'écria plus d'une fois : « Ces b......-là m'ont taillé les morceaux! »

(BOURRIENNE. Mémoires, t. VIII, p. 64.)

## Le Général DUPONT (1)

Envoyé en Espagne, il obtint d'abord de brillants succès, mais sa honteuse capitulation de Beylen (juin

(1) Pierre, comte Dupont de l'Etang.

1808) fut considérée par Napoléon comme une faute impardonnable que les exploits de sa vie passée ne pouvaient racheter. Il fut arrêté, et seulement près de quatre ans après, un décret en date du 1er mars 1812, rendu sur les conclusions d'une commission spéciale qui, à l'unanimité, le reconnut coupable sur tous les chefs d'accusation, le dépouilla de son grade, de son titre de comte, de ses dotations et de sa dignité de grand-cordon de la Légion d'honneur, et le condamna à une détention indéfinie.

(LALANNE. Dictionnaire historique de la France.)

Si la prise de Cordoue n'avait pas été fort glorieuse, elle avait été fort lucrative. A la faveur de quelques coups de fusil reçus et du pillage affreux qui avait eu lieu, tous les vases sacrés des églises avaient trouvé place dans les fourgons du général en chef. Outre cela des sommes énormes, dont une de huit cent mille francs, une autre de treize à quinze cent mille francs avaient été découvertes et portées chez le chef de l'état-major par ordre du général Dupont, et la masse d'or et d'argent était telle qu'en employant lors du retour du général Dupont à Andujar presque tout ce qu'on avait de transports, en laissant à Cordoue les cuirs et les draps qui, en gratifications, avaient été distribués aux soldats, et, détail horrible à consigner, en abandonnant malades et blessés qui jamais ne devaient revoir leur patrie (puisqu'il était notoire que l'on massacrait partout nos soldats), on fut encore contraint de déposer chez le corrégidor et sur sa responsabilité, 40,000 francs, faits révélés par la voix publique, confirmés par le marquis de Londonderry, qui dit : « Il fut heureux pour Reding que Dupont eût songé à prendre tant de soin pour conserver le fruit de ses pillages », par Foy, qui, fidèle à son extrême réserve, se borne à ces mots : « Mais Dupont avait, avec les troupes, un grand nombre de voitures (impedimenta) », et lui-même il les porte à plus de cinq cents. Et ces mêmes faits me sont confirmés, je ne dirai pas seulement par le général Vedel, mais par de nombreux témoins, par des notes du général Chabert, enfin par l'affreuse lettre du gouverneur de Cadix au général

Dupont (1). Or, pour emporter la totalité de cet or, de cet argent et de tous les objets que, d'après un tel exemple, chacun voulait charrier, il fallut, en y comprenant les caissons de l'artillerie, que les équipages se composassent de 5 à 600 voitures, dont on porte même le nombre à 800.

(Général THIÉBAULT, t. V, p. 447.)

Pour ce qui est des voitures ramenées par le général Dupont, un incident en amena le pillage; à Sainte-Marie, un des domestiques de ce général eut besoin de changer de bottes; il ouvrit un des caissons de son maître, et, en remuant ce que ce caisson renfermait, un saint-sacrement tomba par terre. Des Espagnols furent témoins du fait; leurs cris ameutèrent le peuple; tous les équipages de l'armée furent pillés de fond en comble, et des voleurs espagnols se trouvèrent nantis d'objets que des Français avaient volés sur eux. Or ce pillage de Sainte-Marie qui fit perdre la totalité des sommes en argent blanc, de fortes sommes en or et des vases sacrés, livra en même temps aux Espagnols, et pour une grande valeur, des bons du Trésor trouvés dans les caissons du payeur; et le général Dupont qui, indépendamment des pierres fines, aurait gardé par devers lui une forte somme en or, et qui, malgré sa position, ne perdait pas de vue l'occasion d'ajouter à sa fortune, commencée en Toscane par le vol de 1,500,000 francs, racheta à vil prix ces bons, dont la valeur échappait à leurs nouveaux possesseurs, et il en réalisa le montant à son retour en France.

(Général THIÉBAULT. *Mémoires*, t. V, p. 454.)

L'Empereur, par décret du 1er mars 1812, avait ordonné qu'il serait fait trois expéditions de l'acte de procédure, de l'acte d'accusation et des pièces relatives à la capitulation de Beylen; que ces trois expéditions seraient déposées aux archives du gouvernement, aux archives de l'Empire et à celles du Sénat, ce qui fut exécuté.

(1) Cette lettre contient cette phrase : « Que Votre Excellence cherche par sa conduite et sa résignation à affaiblir la vive sensation des horreurs qu'Elle a commises récemment à Cordoue... »

Le 17 novembre 1814, sous le prétexte d'un rapport à lui faire quand il l'ordonnerait, le général Dupont fit rendre par Louis XVIII une ordonnance portant que ces trois expéditions seraient remises entre les mains du chancelier (comme si, pour faire un rapport, une seule ne suffisait pas). Le 3 avril 1820, le général Vedel s'adressa au chancelier pour la restitution des pièces à lui enlevées lors de son arrestation et fut renvoyé au ministre de la justice, auquel il se hâta d'écrire et qui dans sa réponse lui déclara que les pièces relatives à cette affaire n'existaient plus aux archives du ministère, que même il n'y restait aucune trace d'elles. Ici les communications officieuses suppléèrent aux communications officielles et révélèrent au général Vedel que cette procédure avait été envoyée par ordre au ministère de la guerre; que, comme elles y arrivaient, le secrétaire général de ce ministre s'en était emparé pour les porter au ministre, que depuis il n'en avait rien reparu, et que le ministre de la guerre sous lequel tout cela se fit était M. le lieutenant-général comte Dupont.

(Général THIÉBAULT. Mémoires, t. II, p. 456.)

## Le Général DUPUY

En 1797, Dupuy écrivait de Milan à son ami Deville : « J'ai passé ces jours-ci la revue de ma brigade. Quels hommes, mon cher Deville, quelle troupe! Je les ai fait habiller à neuf, mais non sans peine. J'ai volé pour cela tout ce que j'ai pu, car ici tout le monde vole. » (1).

(TROLARD. De Rivoli à Marengo, p. 394.)

## Le Général DUVIGNEAU

Il n'y eut pas que des braves à Marengo. Un général de cavalerie, nommé Duvigneau, manqua à l'appel le 14 au matin.]

(TROLARD. De Rivoli à Marengo, t. II, p. 164.)

(1) Archives municipales de Toulouse.

## Le Général ÉLIE

... Elie, nommé en 1793 général de division, et dont le nom est resté, dans l'histoire du temps, entouré de l'auréole du ridicule.

(Général THOUMAS, *Causeries militaires*, t. I, p. 122.)

## Le Général FÉLIX

Rapport du général de division Schauenbourg, commandant provisoire de l'armée de la Moselle, au citoyen Bouchotte, ministre de la guerre. Quartier général de Sarrebruck, 22 août 1793 :

« Citoyen ministre, j'ai l'honneur de vous rendre compte qu'à l'affaire du 13, le chef de brigade Félix, occupant avec le 1er bataillon du 44e régiment et une compagnie franche le poste de Newkirch, le quitta au moment où ces troupes furent attaquées, s'en vint au quartier-général distant de ce poste de cinq lieues, tout essoufflé, me dire que notre bataillon était haché ou fait prisonnier, ainsi que le drapeau et les canons, et qu'une très petite partie s'était sauvée dans les bois. Ce rapport n'ayant pas seulement l'air de la vraisemblance, je priai ce chef de se reposer et de se remettre un peu... Les représentants apprirent avec le plus grand étonnement que tous les individus de ce bataillon, excepté le chef, s'étaient conduits comme des héros. »

(BONNEVILLE DE MARSANGY,
*Journal d'un volontaire de 1791*, p. 122.)

## Le Général de FLERS

Flers (Charles de), général, né en 1756, guillotiné à Paris le 22 juillet 1794.

(LALANNE, *Dictionnaire historique de la France.*)

## Le Général FOISSAC-LATOUR

Paris, 15 thermidor an VIII.

Au citoyen Carnot, ministre de la guerre,

Les consuls sont instruits, citoyen ministre, que le citoyen Foissac-Latour est de retour d'Autriche, et déshonore, en le portant, l'habit de soldat français... Défendez-lui expressément de porter aucun habit uniforme.

Le citoyen Foissac-Latour trouvera dans le mépris public la plus grande punition qu'on puisse infliger à un Français. — BONAPARTE.

*(Correspondance de Napoléon I<sup>er</sup>, t. VI, p. 529.)*

Paris, 5 fructidor an IX.

Le ministre de la guerre propose de faire régler la pension du général Foissac-Latour.

Décision : Ne plus prononcer ce nom. — BONAPARTE.

*(Correspondance de Napoléon I<sup>er</sup>, t. VII, p. 295.)*

## Le Général FOURNIER

Ce Fournier, plus célèbre par sa vie désordonnée et par ses duels que par ses faits d'armes, et par des duels dont quelques-uns seraient horribles à rappeler, était un de ces hommes en qui la nature avait réuni le plus de qualités funestes.

*(Général THIÉBAULT, Mémoires, t. IV, p. 435.)*

## Le Général FOY

Madame Foy était certainement très désirable comme maîtresse, pour le général Junot surtout; mais elle était loin d'être aussi désirable comme femme, à moins qu'on

ne considérât comme une compensation le grade de
général de brigade qu'un homme, de la haute distinction
de Foy, était fait pour devoir à de plus nobles voies.

(Général THIÉBAULT, *Mémoires*, t. IV, p. 164.)


## Le Général FRANCESCHI

V. le général Bigarré.


## Le Général FRESSINET

Finkenstein, 11 avril 1807.

A Monsieur Fouché,

J'ai reçu votre lettre du 31. Il faut prendre garde que
le général Fressinet ne nous fasse ce qu'a fait cet infâme
général Thuring (1). Chassez-le de Paris. C'est un homme
qui peut être mécontent. Il est venu à l'armée dont je
l'ai fait renvoyer. — NAPOLÉON.

(*Correspondance de Napoléon I*er, t. XV, p. 64.)


## Le Général FRIANT

En 1817, le général Friant reçoit de Napoléon Ier,
100,000 francs en argent et 100,000 francs en rentes sur
l'Etat.

(*Correspondance de Napoléon I*er, t. XVI, p. 53.)


## Le Général GARDANNE

« Nous couchâmes le 13 juin à Montalto, et le 14 à
Ascoli, d'où nous rentrâmes à Perugia.

« Pour rendre plus fructueuse la leçon que le général

_______________

(1) V. le général Thuring.

Gardanne avait concouru à donner aux habitants de ce canton, il jugea devoir leur imposer 30,000 francs pour ses dépenses extraordinaires. Comme cette contribution avait été frappée et perçue, je ne dis pas sans que je le susse, mais sans que j'y eusse aucune participation, je crus que le général ne m'en parlerait pas; je me trompais; il fit plus que de m'en parler, car du moment où la somme fut complétée en bel et bon or : « Commandant Thiébault, me dit-il, voilà un gâteau d'amandes fourni par MM. les insurgés; mais, comme je n'ai pas l'habitude de manger de tels gâteaux à moi seul, je vous prie de recevoir comme gratification cet équivalent d'une tranche. » Et il me remit 5,000 francs. L'aubaine me parut bonne.

(Général Thiébault, Mémoires, t. II, p. 220.)

Finkenstein, 4 juin 1807.

Au Prince Jérôme,

Mon frère. . . Je vous envoie le général de division Gardanne. Si vous en êtes content, vous le garderez; si vous ne l'êtes pas, vous le renverrez en France. Il a donné lieu ici à quelques mécontentements. Parlez-lui là-dessus d'une manière claire. Surtout il faut qu'il ne fasse aucune levée de contributions, ni aucune mauvaise affaire. — Napoléon.

(Correspondance de Napoléon I<sup>er</sup>, t. XV, p. 386.)

## Le Général GAUTHIER-KERVÉGUEN

Le général Gauthier-Kervéguen, chef d'état-major, ne s'abusait pas sur sa capacité, qui suffisait pourtant à la tâche d'expédier les ordres et d'en surveiller l'exécution.

(Maréchal Masséna, Mémoires, t. I, p. 31.)

## Le Général GENTILI

Milan, 17 floréal an V.

Au général Gentili,

Je ne puis vous dissimuler mon mécontentement sur le

mauvais emploi des sommes qui ont été envoyées en Corse pour le service de la division. Plus de la moitié a été dilapidé. — BONAPARTE.

*(Correspondance de Napoléon Ier, t. III, p. 33.)*

## Le Général GIRARD

Bonaparte écrivait de Milan, au Directoire, le 15 novembre 1797 :

« J'ai destitué un nommé Girard, chef de brigade, qui a été sept ou huit mois commandant à Brescia. Il paraît, par la correspondance prise à Venise, qu'il avait avec le provéditeur des relations d'intimité que l'intérêt de l'armée aurait dû faire prohiber (1). »

*(TROLARD, De Rivoli à Marengo, p. 166.)*

## Le Général GROS

25 juillet 1813. — J'apprends un mot charmant du général Gros :

Il y a deux ou trois jours, il rencontre un soldat : — « Que fais-tu là, et où tu vas? — Eh! mon général, je vais à la visite. — Eh! qu'est-ce que tu as? — Je suis myope. — Tiens, je te croyais Allemand. »

*(Baron PEYRUSSE, Mémorial, p. 169.)*

## Le Général GRUYER

A Turin. . . nos appartements étaient composés de deux chambres et ornés d'un grand nombre de portraits de papes. Gruyer eut un jour la singulière fantaisie de leur tirer aux yeux avec un pistolet et comme il y était très adroit, à l'aide de deux balles il aveugla effectivement l'effigie d'une sainteté.

*(CONSTANT, Mémoires, t. VI, p. 311.)*

(1) *Correspondance de Napoléon Ier*, t. III, p. 588.

## Le Général GUIDAL

Guidal (Maximilien-Joseph), général, né à Grasse (Var), en 1765, fusillé le 29 octobre 1812.

(Lalanne, *Dictionnaire historique de la France.*)

## Le Général GUILLET

En arrivant à Spalatro (1806), j'appris un crime horrible qui m'affligea beaucoup, commis pendant mon absence et presque sous mon nom. Un certain général Guillet, né en Savoie, ayant servi autrefois, en qualité de garde du corps, le roi de Sardaigne, avait été mis sous mes ordres à l'armée de Dalmatie. En partant pour Cattaro, je l'avais chargé de recevoir des Russes l'île de Brazza. Pendant les derniers mois de la guerre, cette île avait été la place d'armes de l'ennemi; de là étaient parties ces intrigues, secondées par plusieurs habitants, des agents dévoués. Bien plus, ces mêmes habitants avaient armé des corsaires et fait plusieurs prises sur nous. Il fallait faire un exemple. Je donnai l'ordre au général Guillet de faire une enquête aussitôt qu'il serait maître de l'île, de faire arrêter les principaux coupables et d'attendre mon retour. Au lieu de cela, le général Guillet fit arrêter non les plus coupables, mais les plus riches; et pour donner aux détenus une idée de son autorité, il fit fusiller, sans jugement, un des hommes arrêtés, accusé d'avoir armé un corsaire; puis il mit les autres en liberté pour de l'argent.

Je renvoyai de l'armée ce misérable. L'Empereur le fit rayer du tableau des officiers généraux, et, depuis, il a servi dans les douanes.

(Maréchal Marmont, *Mémoires*, t. III, p. 60.)

## Le Général GUY

V. le général Bigarré.

## Le Général HAQUIN

A Pavie. . . arriva aussi le général Haquin. Il était arrivé depuis peu, et déjà il s'était emparé de six chevaux appartenant à des bourgeois.

> (Adjudant-général LANDRIEUX, *Mémoires*, t. I, p. 69.)

## Le Général HEUDELET

Le passage de l'Ukra fut enlevé et la division Desjardins s'établit à Sochoczyn, où l'ennemi avait repoussé l'attaque de la division Heudelet; mais comme il suffisait d'un seul passage, l'attaque était absolument inutile. Cependant le général Heudelet, par suite d'un amour-propre mal entendu, ordonna de la renouveler. Il fut repoussé derechef et fit tuer ou blesser une centaine d'hommes, dont un capitaine du génie, officier de très grande espérance. Je me suis toujours révolté contre ce mépris de la vie des hommes, qui porte parfois les généraux à les sacrifier au désir de se voir nommer dans les bulletins.

> (Général MARBOT, *Mémoires*, t. I., p. 323.)

## Le Général HOCHE

Deux-Ponts, 1er frimaire, an II (21 novembre 1793).

Le citoyen Hoche, commandant l'armée de la Moselle, au ministre de la guerre.

Je te préviens que ne voulant pas perdre un moment, j'emploie ceux que me laissent mes occupations militaires à requérir. En conséquence, les chevaux, bestiaux, argenterie d'église, draps, toiles, cuirs, souliers, tout monte au camp. Nous avons beaucoup d'émigrés. Je pense que l'on peut sans inconvénient faire filer sur l'intérieur les glaces, pendules, matelas et autres meubles.

Les misérables sans-culottes ne doivent pas toujours travailler sans retirer aucun fruit. Ils auront la liberté, et les culottes de velours, les vestes de satin et les habits à grandes manches vont les vêtir.

Tous les tailleurs et cordonniers sont en réquisition. M'approuves-tu? — HOCHE.

(Maréchal NEY, *Mémoires*, t. I, p. 246.)

## Le Général JOMINI

Le général Jomini se trouvait chef d'état-major du maréchal Ney, lors de la reprise des hostilités en 1813. Séduit alors par les brillantes promesses des Russes, il déserta en emportant les états de situation de l'armée ainsi que toutes les notes relatives au plan de campagne qui allait s'ouvrir, et de crainte que, en apprenant sa fuite, Napoléon ne modifiât ses projets, il insista auprès des alliés pour qu'ils commençassent les hostilités deux jours avant celui fixé pour la rupture de l'armistice.

(Général MARBOT, *Mémoires*, t. III, p. 262.)

Un conseil de guerre le condamna à mort par contumace... Après avoir séjourné plusieurs années en France, sous la Restauratin, il retourna en Russie (1822) où il devint (1825) aide de camp de Nicolas.

(LALANNE, *Dictionnaire historique de la France.*)

## Le Général JOUBERT

Sur les fonds du Mantonan, il fut accordé 100 francs de pension à chacun des soldats qui, depuis le commencement de la campagne, avaient obtenu un sabre d'honneur. De plus, il fut distribué une somme de 365,000 francs, en gratification à un certain nombre de généraux officiers et soldats : Joubert, 20,000 francs, Rampon et autres 10,000 francs, etc. (1).

(TROLARD, *De Rivoli à Marengo*, p. 107.)

(1) *Correspondance de Napoléon I<sup>er</sup>*, t. II, p. 477.

## Le Général JOUY

Le général Jouy (1), toutes les fois que l'occasion s'en est présentée, a passé du royalisme au libéralisme, de l'ultracisme au républicanisme, du bourbonisme au napoléonisme, et *vice versa*.

(Général Thiébault, *Mémoires*, t. I, p. 416.)

Dans toutes les villes où nous passions, Jouy s'arrêtait, demandait sur reçus des sommes d'argent qu'il prétendait nécessaires pour la continuation de ses opérations. Il me confondait par sa hardiesse et par tout ce qu'avaient d'impératif et d'habile les raisons au moyen desquelles il justifiait ses demandes. Quant à moi, qui savais qu'il avait reçu tous les fonds qui pouvaient lui être nécessaires et qu'il n'avait aucun besoin d'argent, je ne puis m'empêcher de lui dire qu'il me paraissait se compromettre d'autant plus que ce qu'il réunissait ainsi devenait par trop considérable ; mais il me répondit : « Tu crois que l'on sait ce que l'on fait et ce qui se fait dans ce gâchis de Répubique?... Et puis c'est autant de pris aux coquins qui nous gouvernent ».

(Général Thiébault, *Mémoires*, t. I., p. 418.)

Jouy, depuis son mariage, avait rendu mère une demoiselle de Lille, qui devait avoir 300,000 francs de dot ; il proposa à Longchamps de la lui faire épouser, sous condition d'avoir une part de 50,000 francs sur la dot. Je ne sais comment cette malheureuse, qu'une fatale destinée avait livrée à Jouy, échappa à ce trafic, mais elle sauva du moins sa fortune du naufrage de sa réputation.

(Général Thiébault, *Mémoires*, t. I, p. 523, note.)

## Le Général JUNOT (2)

Une plaisanterie fit la fortune de Junot, depuis duc d'Abrantès, colonel général des hussards, commandant

(1) Son véritable nom était Etienne.
(2) Duc d'Abrantès.

en Portugal, gouverneur général en Illyrie, où il donna des signes d'une démence qui ne fit que s'accroître pendant son retour en France, durant lequel, s'étant mutilé lui-même, d'une manière horrible, il périt bientôt victime d'excès qui avaient altéré sa santé et sa raison.

(Mémorial de Sainte-Hélène, t. I, p. 198.)

La première fois que je vis Junot, je fus frappé et inquiété par ses yeux hagards.

(Général MARBOT, t. II, p. 2.)

Des grandes fortunes que l'Empereur avait créées, celle de Junot, disait-il, avait été, sans contredit, une des plus désordonnées. Ce qu'il lui avait donné d'argent ne saurait se croire, observait-il, et il n'avait pourtant jamais eu que des dettes; il avait dissipé de vrais trésors sans se faire honneur, trop souvent même, ajoutait-il, dans des excès grossiers.

Plus d'une fois, dans son bel hôtel à Paris, après avoir fortement déjeuné, on l'a vu entrer en fureur aux moindres réclamations du plus petit créancier, et prétendre le solder à coups de sabre.

(Mémorial de Sainte-Hélène, t. IV, p. 416.)

En 1807, le général Junot reçoit de Napoléon Ier 100,000 francs en argent et 100,000 francs de rente sur l'Etat.

(Correspondance de Napoléon Ier, t. XVI, p. 53.)

Le lendemain du baptême de ma fille aînée, Madame Bonaparte m'envoya un collier de perles fines ayant plusieurs rangs ; les perles étaient de la grosseur d'une forte groseille, le cadenas était formé par un solitaire d'un blanc et d'une eau admirables ; mais le Premier Consul y avait joint un présent bien autrement remarquable ; c'était le contrat de vente de notre hôtel de la rue des Champs-Elysées, acquitté, parce que M. Estève l'avait payé par ordre de Napoléon, qui nous le donnait comme cadeau de baptême. Il avait coûté 200.000 francs.

(Duchesse D'ABRANTÈS, Mémoires, t. VI, p. 334.)

Pour meubler notre maison, il nous donna une somme de 100.000 francs, « car enfin, a dit Bonaparte, ce n'est pas le tout de leur donner une maison, il faut la rendre habitable. »

(Duchesse D'ABRANTÈS, *Mémoires*, t. VI, p. 360.)

Junot avait une forte somme pour la police secrète de la capitale; il donnait trois mille francs à un mauvais bulletiniste, le reste passait à la police de ses écuries et de sa table.

(BOURRIENNE, *Mémoires*, t. III, p. 296.)

Le peu d'habitude qu'avait Junot de se contraindre le jetait parfois dans des emportements dont le résultat le plus ordinaire était l'oubli de son rang et de la réserve qu'il aurait dû lui imposer. Tout le monde sait son aventure de la maison de jeu dont il déchira les cartes, bouleversa les meubles et rossa les banquiers, pour se dédommager de la perte de son argent. En se promenant dans la campagne, il lui arrivait souvent de lancer son cheval au galop, un pistolet dans chaque main, et il ne manquait jamais d'abattre en passant la tête des canards ou des poules qu'il prenait pour but de ses coups.

(CONSTANT, *Mémoires*, t. II, p. 178.)

Savary avait une réserve, une tenue, une conduite dont Junot était incapable et, par exemple, ce n'eût pas été lui qui, gouverneur de Paris, serait allé dans un café public aux Champs-Elysées jouer au billard, se prendre de querelle avec les garçons, se mesurer avec eux à coups de queue de billard et se faire battre.

(Général THIÉBAULT, *Mémoires*, t. IV, p. 119.)

Les dépenses de Junot étaient effrayantes. Indépendamment de ses traitements de grade, d'emploi et de grand cordon de la Légion d'honneur, Junot touchait 500,000 francs comme gouverneur de Paris, 300,000 francs sur les jeux et, dans une année où il avait touché 1,450,000 francs, il trouva le moyen d'en dépenser davantage. Son luxe dépassait donc toute mesure, et avec son luxe sa fièvre de jeu. On cite une partie de bouillotte à

100,000 francs de cave et 500 francs le jeton, partie sans rentrant, bien entendu, dans laquelle il n'y eut que 30,000 francs de perdus, mais qui donne l'idée de l'importance du jeu.

(Général THIÉBAULT, *Mémoires*, t. IV, p. 120.)

A Lisbonne… Junot s'était approprié des valeurs considérables trouvées à la douane; il s'était adjugé une pacotille de diamants bruts, qu'il avait découverts je ne sais où et qui appartenaient au gouvernement; il avait réalisé une somme énorme sur le séquestre des marchandises anglaises qui, d'après le décret de l'Empereur, devaient être brûlées, dont on ne brûla que des parties de peu de valeur et qui même ne furent consumées que pour que leur fumée dissimulât l'enlèvement que l'on faisait du reste; enfin, il s'était réservé la signature des licences, sur le vu desquelles des bâtiments tout chargés sortaient, la nuit, du port pour se rendre même en Angleterre et il vendait ces licences aux prix les plus élevés. On commençait à crier dans son entourage, c'est-à-dire à se plaindre qu'il gardait tout; on rappelait même à ce sujet qu'il touchait encore 500,000 francs comme gouverneur de Paris, 300,000 francs sur les jeux et je ne sais combien comme premier aide de camp de l'Empereur. On calculait qu'il recevait 600,000 francs comme gouverneur général de Portugal, et 3,000 francs par jour pour sa table, et cela quoique son hôte, le baron de Quintella, la fournit en totalité et avec une telle abondance que le cuisinier du général Junot gagna sur la desserte, etc… 300,000 francs qu'il apporta en France. Ces bruits lui revinrent et le déterminèrent à donner, comme premier don, 100,000 francs au général Delaborde, 100,000 francs au général Loison, et 100,000 francs au sieur Hermann, administrateur des finances, dont il fallait d'ailleurs acheter le silence.

(Général THIÉBAULT, *Mémoires*, t. IV, p. 158.)

La duchesse d'Abrantès ne raconte pas dans ses mémoires comment la folie du duc se déclara.

On l'avait nommé gouverneur des provinces illyriennes. Il résolut de donner un grand bal. Il invita tout ce que Raguse et les environs avaient de plus distingué, et près de 400 personnes se trouvèrent réunies dans ses salons. Tout était prêt pour la fête, tout, excepté le gouverneur général, dont personne ne comprenait l'absence. Enfin, après une heure d'attente, les deux battants de l'appartement intérieur s'ouvrent, et que voit-on ?... Le duc d'Abrantès, ayant des escarpins du dernier luisant, un ceinturon soutenant son épée, ses crochets suspendus à son cou par des cordonnets, tous les grands cordons sur l'épaule, les cheveux bouclés avec le plus grand soin, son chapeau à plumets blancs sous le bras, des gants blancs à ses mains, et, à cela près, nu comme un ver. On comprend la surprise, les cris, la fuite de toutes les dames, le départ même des hommes courant après les dames, se précipitant à travers les escaliers, et comment les salons furent à l'instant déserts. Ce fait, transmis au vice-roi d'Italie, fit aussitôt donner au duc d'Abrantès l'ordre de se rendre à Milan. On parvint à lui faire exécuter cet ordre, et il était à peine à Milan qu'il fit mettre les chevaux à sa plus belle calèche, et, en grand uniforme, décoré de tous ses ordres, l'épée au côté, le chapeau sur la tête, ganté et éperonné, il se plaça sur le siège et se mit ainsi à courir tout Milan, faisant monter dans sa calèche les filles publiques qu'il rencontra et auxquelles il servit de cocher.

Depuis ce moment sa terrible maladie s'aggrava de plus en plus.

(Général THIÉBAULT, Mémoires, t. V, p. 248.)

## Le Général KILMAINE

Milan, le 5 mars, an I<sup>er</sup> de la République<br>italienne (1797.)

Au général Kilmaine,

Je tiens à votre disposition, mon général, la somme de quatre cent mille francs, monnoye de Milan, en un bon de pareille somme signé Nicolini, autorisé par le gouvernement de Brescia, qui doit l'acquitter à ma présentation ou en votre quittance. — NICOLINI, LANDRIEUX.

A la date du 5 mars, la révolution de Brescia n'était pas encore faite, mais Landrieux avait promis de la soutenir, et le gouvernement futur s'obligeait à payer, après le succès, le prix stipulé de cet appui. Au bas de la lettre on lit :

Nice, ce 13 messidor, an V de la République française une et indivisible.

« Je donne pouvoir au citoyen Landrieux de recevoir pour moi la susdite somme de quatre cent mille livres, monnoye de Milan, ledit m'ayant fourni 200,000 francs, monnoye de France, pour l'acquit dudit bon de Nicolini. — KILMAINE (1). »

Quatre cent mille livres de Milan représentaient 320,000 francs; Kilmaine ayant reçu 200,000 francs, la part de Landrieux fut de 120,000 francs. Ottolini disait donc vrai lorsqu'il mandait au Sénat que Landrieux, dans sa conversation avec Stefani, avait donné clairement à entendre que le général Kilmaine était de connivence avec lui.

(TROLARD. *De Rivoli à Marengo*, p. 163.)

## Le Général KLÉBER

Kléber est né à Strasbourg, en 1754. Destiné au métier d'architecte, des circonstances particulières lui donnèrent le moyen d'entrer à vingt-trois ans au service de l'Autriche, comme officier, dans le régiment de Kaunitz. Après sept ans, il le quitta pour revenir en France.

(Maréchal MARMONT, *Mémoires*, t. VI, p. 358.)

Il serait difficile de rencontrer un homme plus vain, plus quinteux que le général Kléber.

(Lettre du général Beurnonville, au ministre de la guerre, du 10 janvier 1797.)

(1) (*Mémoires de Landrieux*, pièces justif., t. II, p. 565.)

Le général Bonaparte, en partant d'Egypte pour la France, laissa à Kléber le commandement de l'armée. Kléber, opposé au système de colonisation, conclut, peu après, une convention pour l'évacuation de l'Egypte; mais, après avoir commencé l'exécution du traité, il se détermina à attaquer immédiatement l'armée turque sur laquelle il remporta, avec dix mille hommes, la victoire mémorable d'Héliopolis.

(Maréchal MARMONT, *Mémoires*, t. VI, p. 359.)

## Le Général LABÉDOYÈRE

Labédoyère venait d'acheter un cheval fort jeune et peu dressé qui, au premier bruit du canon, se cabra et refusa absolument d'avancer. Furieux, Labédoyère s'élança à terre, tira son sabre et coupa les jarrets du malheureux cheval qui tomba tout sanglant sur l'herbe où il se traînait en rampant. . . Le bruit de l'aventure s'étant répandu dans l'état-major, le maréchal Lannes, indigné, déclara que Labédoyère ne compterait plus au nombre de ses aides de camp.

(Général MARBOT, *Mémoires*, t. II, p. 63.)

## Le Général LABOISSIÈRE

La Piève, 29 juin 1799.

Le Chef de brigade Roguet au Général division-
naire Laboissière.

J'ai remis à votre aide de camp, après votre départ, la somme de 11,655 fr. 50, monnaie de Gênes, sur laquelle j'ai retenu, d'après votre autorisation, 50 louis. Le restant de cette contribution se paiera aujourd'hui en argent et en huile; votre aide de camp le recevra à Albenga.
Je suis sans argent pour le service.

(Général ROGUET, *Mémoires*, t. II, p. 516.)

## Le Général LAFON-BLANIAC

L'année 1802 fut la plus chaude dont il me souvienne. Le colonel Lafon-Blaniac, qui s'était arrêté à Tours pour laisser passer cette chaleur, dîna avec moi ; mais ainsi que nous tous il fit ce repas en chemise.

(Général Thiébault, *Mémoires*, t. III, p. 283, note.)

V. aussi le général Bigarré.

## Le Général LAHARPE

Bel homme de guerre, mais ayant assez peu de tête, et pas beaucoup plus de courage.

(Maréchal Marmont, *Mémoires*, t. I, p. 150.)

## Le Général LAHORIE

Lahorie aimait la pompe du quartier général, se plaisant à en afficher l'importance. Du reste, sombre, adroit, peu habitué à combattre, il avait pour les hommes du champ de bataille cette aversion secrète que leur portent tous les gens de cabinet. Il eût volontiers laissé périr un soldat pour épargner une ration à un paysan. Ce n'est pas qu'il se souciât de l'un plus que de l'autre ; mais celui-ci était soutenu par des hommes en crédit, et l'autre n'avait pour le défendre que ses blessures ; la chance n'était pas égale.

(Maréchal Ney, *Mémoires*, t. II, p. 69.)

Il fut fusillé le 29 octobre 1812.

(Lalanne, *Dictionnaire historique de la France.*)

# Le Général LAHOZ D'ORTITZ

En l'an VII, après la reprise des hostilités, il nous abandonna pour quelque mécontentement, se réunit à nos ennemis, et fut tué, en faisant le siège d'Ancône, par les troupes mêmes qu'il avait formées.

(Maréchal MARMONT, *Mémoires*, t. I, p. 197.)

Lahoz va joindre l'ennemi; fait prisonnier dans une sortie, il est fusillé à l'instant par les soldats dont quelques jours avant il était le chef.

(Général ROGUET, *Mémoires*, t. II, p. 213.)

# Le Général LALLEMAND

Le maire de Lübeck se plaignit au prince d'Eckmühl d'une voie de fait exercée par le général Lallemand lui-même envers un des fabricants de la ville, qu'il jugeait coupable de ne pas s'être découvert lors de son passage.

(Général THIÉBAULT, *Mémoires*, t. III, p. 117.)

V. aussi le général Dulauloy.

# Le Général LAMARQUE

Le général Lamarque. . ., informé que je le remplaçais à Toro, m'écrivit une lettre d'adieux dans laquelle il me disait : « Je vous plains, mon cher général, de la tristesse de votre nouvelle résidence; vous n'y aurez aucune société qui puisse vous convenir, et ce fait ne vous étonnera pas si vous considérez que les femmes de Toro sont des vaches. »

(Général THIÉBAULT, *Mémoires*, t. III, p. 256, note.)

## Le Général LAMOTHE

Un scandale marqua la première séance de notre commission. Le général Lamothe avait ramassé, à la suite de la colonne de troupes avec laquelle il marchait, quarante ou cinquante bœufs, et il osa demander qu'on les lui achetât pour la consommation de l'armée : « . . . Pendant la campagne, disait-il, j'ai été tenu à de fortes dépenses d'espionnage ; j'ai besoin de la valeur de ces bœufs pour rentrer dans une partie de mes fonds, et, comme c'est l'armée du Nord qui est tenue de nourrir maintenant l'armée de Portugal, il faut qu'elle m'achète ce troupeau. . . » Nous fûmes indignés, et j'ordonnai la remise immédiate des bœufs ; mais, quand on fut pour s'en emparer, le général en avait déjà vendu les trois quarts, et à vil prix, à des paysans.

(Général Thiébault, *Mémoires*, t. IV, p. 474.)

## Le Général DE LANGERON

Le général comte de Langeron, Français émigré, général major au service de la Russie, fut pris les armes à la main.

(Général Pétiet, *Souvenirs militaires*, p. 34.)

Après l'abdication de Fontainebleau, je fus forcé d'avoir recours à ce même comte de Langeron, lieutenant-général russe, pour obtenir un laisser-passer.

(*Id.*, p. 35.)

## Le Général LANUSSE

Bonaparte établit à la Chiusa un centre administratif pour le passage des troupes. La caisse du payeur était même assez bien garnie pour que le général Lanusse, au mois de mars 1797, y fit un trou de 60,000 francs.

(Trolard, *De Rivoli à Marengo*, p. 10.)

# Le Général LARIBOISIÈRE

En 1807, le général Lariboisière reçoit de Napoléon I<sup>er</sup> 100,000 francs en argent et 100,000 francs en rentes sur l'Etat.

*(Correspondance de Napoléon I<sup>er</sup>, t. XVI, p. 53.)*

Dans une lettre de Joseph à Napoléon, en date du 18 janvier 1809, on lit le passage suivant, omis aux *Mémoires :*

« J'envoie au maréchal Bessières, pour être employé dans un commandement où il puisse vivre comme un autre officier, le général Lariboisière, qui exigeait 10,000 francs par mois en sus de ses appointements pour vivre à Madrid, et qui a eu la sottise de frapper à toutes les portes pour cela. Voici la lettre qu'il a écrite pour cela au corrégidor. »

*(Ducasse, Supplément à la Correspondance de Napoléon I<sup>er</sup>, p. 127, note.)*

# Le Général LASSALLE

On voyait toujours Lassalle buvant, jurant, chantant à tue-tête, brisant tout et dominé par la passion du jeu.

*(Général Marbot, Mémoires, t. II, p. 263.)*

Lassalle était sur le point de se marier et Napoléon lui avait fait donner 200,000 francs sur sa cassette. Huit jours après, il le rencontre aux Tuileries et lui demanda : « A quand la noce? — Elle aura lieu, Sire, quand j'aurai de quoi acheter la corbeille et les meubles. — Comment, mais je t'ai donné 200,000 francs la semaine dernière... qu'en as-tu fait? — J'en ai employé la moitié à payer mes dettes, et j'ai perdu le reste au jeu! » Un pareil aveu aurait brisé la carrière de tout autre général; il fit sourire l'Empereur, qui, se bornant à tirer assez fortement la moustache de Lassalle, ordonna au maréchal Duroc de lui donner encore 200,000 francs.

(Général MARBOT, *Mémoires*, t. II, p. 265.)

Lassalle..., buveur, libertin, joueur, tapageur et farceur, avait fondé à Salamanque la société des « Altérés », association dans laquelle il n'était jamais permis de dire que l'on n'avait pas soif; je ne sais plus combien d'enragés la composaient, mais ce qu'il y a de certain, c'est qu'en moins d'un mois ils eurent bu tout ce qui existait de vins étrangers à Salamanque.

C'est encore lui qui, rentrant en France quelques mois après avec son régiment et se croisant dans je ne sais quelle ville avec un autre régiment de hussards, donna aux deux corps d'officiers un dîner pour lequel il avait fait mettre sur la table, et en guise de surtout, deux pièces de vin de Bourgogne entourées de robinets, pièces qu'il fallut mettre à sec avant d'en venir aux vins fins.

(Général THIÉBAULT, *Mémoires*, t. III, p. 230.)

# Le Lieutenant-Général
## Marquis de LATOUR-MAUBOURG

Le lieutenant-général marquis de Latour-Maubourg se trouva, je ne saurais plus dire l'époque, à un repas où se firent les mêmes extravagances (1). Impassible tant qu'avait duré la scène de destruction, il se leva au moment où ses enragés convives n'eurent plus rien à briser, monta sur la table sans dire un mot, grimpa dans un lustre auquel personne n'avait pensé, et s'étant mis à califourchon sur la partie la plus élevée, coupa la corde à laquelle était suspendu ce lustre dont il suivit la chute en plein milieu de la table. Après quoi il se

(1) Dîner pendant lequel les verres, les carafes, bouteilles, assiettes et plats furent jetés par la fenêtre ou brisés sur place après chaque service.

dépêtra comme il put, prit son sabre et son chapeau, et, plus ou moins meurtri ou blessé, s'en alla sans proférer une parole.

(Général Thiébault, Mémoires, t. II, p. 186, note.)

Au lieu de l'enrichir, ses campagnes et ses commandements ayant forcé le lieutenant-général marquis de Latour-Maubourg à contracter des dettes, l'Empereur lui envoya 300,000 francs pour les payer.

(Général Thiébault, Mémoires, t. V, p. 309, note.)

## Le Général LAURISTON

En 1807, le général Lauriston reçoit de Napoléon Ier 100,000 francs en argent et 100,000 francs en rentes sur l'État.

(Correspondance de Napoléon I<sup>er</sup>, t. XVI, p. 53.)

## Le Général LÉCHELLE

Kléber dépeint le général Léchelle comme le plus lâche des soldats, le plus mauvais des officiers et le plus ignorant des chefs qu'on eût jamais vus, inintelligent toujours, et lâche à l'occasion.

(Général Thoumas, Causeries Militaires, t. I, p. 213.)

## Le Général LECLERC

Le poste des douaniers de la Bidassoa et son chef avaient, à prix d'argent, favorisé la sortie de France et l'entrée en Espagne d'expéditions de contrebande s'élevant à un million et demi. Le fait était exact; l'opération avait été faite, disait-on, pour le compte du général Leclerc, et elle était trop colossale pour s'être faite pour le compte d'un autre.

(Général Thiébault, Mémoires, t. III, p. 209.)

Passant peu de jours après (1) la revue de la division
Monnet, le général Leclerc fit arrêter un soldat de ma
brigade, je ne sais plus pour quelle misère, assembla
sur-le-champ une commission militaire, la composa
d'officiers dont il était sûr, et sans que je pusse rien oppo-
ser à cette atrocité, il fit condamner et fusiller ce malheureux sur place. Ma justice pour deux innocents en
fit donc assassiner un troisième.

(Général Thiébault, *Mémoires*, t. III, p. 229.)


## Le Général LEGENDRE

Legendre, à Cordoue, entra dans la complicité de
toutes les soustractions d'argent de Dupont, ainsi que le
général Chabert et beaucoup d'autres l'ont rendu public;
ainsi que pour quelques sommes la révélation en fut
faite par le payeur Plouzols qu'il avait pris comme
complice.

(Général Thiébault, *Mémoires*, t. V, p. 473.)


## Le Général LEGRAND

En 1807, le général Legrand reçoit de Napoléon Ier
100,000 francs en argent et 100,000 francs en rentes sur
l'Etat.

*(Correspondance de Napoléon Ier, t. XVI, p. 53.)*


## Les Généraux LE MAROIS

Les deux Le Marois, savoir, l'aîné, bon et brave officier, mais sans transcendance, et le cadet, arrivé à une
grande fortune par un rôle qui n'est pas de nature à être
écrit.

(Général Thiébault, *Mémoires*, t. III, p. 88.)


(1) Thiébault avait présidé deux conseils de revision qui
avaient prononcé l'acquittement de deux soldats, contrairement à la volonté formelle du général Leclerc.

Après que le général Le Marois eût fait verser à Ancône dans ses mains le produit du droit de mouture, il exigea également qu'on lui livrât les produits de la foire de Singaglia, et ceux de la ferme des sels.

*(Mémoires sur la Cour du prince Eugène, p. 128.)*

## Le Général LEMOINE

Le général Lemoine, ainsi que le général Victor, fut convaincu de vols; c'est à lui que le général Masséna, prenant en 1800 le commandant en chef de l'armée d'Italie, avait dit : « J'ai reçu la lettre par laquelle **vous** demandez un congé nécessaire au rétablissement **de** votre santé, et je vous informe que vous êtes rem**placé** par le général Gazau. »

*(Général Thiébault, Mémoires, t. V, p. 28.)*

En fait de sollicitude pour ses troupes? . . . Il abandonna à Solmona et dévoua à une mort effroyable des blessés qu'il avait le devoir et le temps d'évacuer sur Chieti. . . De loyauté? . . . Il conspira contre le général Championnet pour prix de sa confiance. . . D'intégrité? . . . En 1800 le général en chef Masséna fit, pour des raisons contraires à cette vertu, quitter l'armée d'Italie au général Victor et à lui.

*(Général Thiébault, Mémoires, t. II, p. 430.)*

## Le Général LIÉBAUT

L'adjudant général Liébaut était d'une grande ignorance et d'une incontestable lâcheté. Au scandale et à l'indignation de toute l'armée, le général Macdonald avait fait un général de brigade de ce Liébaut que quatre ans plus tard j'eus l'occasion de faire destituer.

*(Général Thiébault, Mémoires, t. III, p. 27.)*

Un matin que je me rendais aux bains publics, qui à Tours étaient un endroit fort agréable d'hygiène et de rendez-vous, je vis la grande rue très animée, et, m'approchant des groupes, j'appris que le général Liébaut, descendu cette nuit à l'hôtel de la Boule-d'Or, y avait eu ce matin même une querelle avec son domestique. Ses chevaux de poste arrivés et attelés, il avait envoyé ce domestique porter une lettre au général Liébert, et, lorsqu'il avait jugé pouvoir n'être plus vu, il était parti; mais le domestique, au lieu de porter la lettre, était allé s'embusquer, et, lorsque la voiture était arrivée à sa hauteur, il avait sauté aux chevaux et les avait arrêtés en criant que le général lui volait ses gages. Alors Liébaut avait mis pied à terre, et le maître et le valet s'étaient battus comme des crocheteurs; la garde était venue, et le maître n'avait continué sa route qu'après avoir payé au domestique tout ce qu'il lui devait.

Trois jours après, mons Liébaut était destitué.

(Général Thiébault, *Mémoires*, t. III, p. 303.)


## Le Général LINOIS

Château de la Haye, près Gueldres, 25 fructidor an XII.

Au vice-amiral Decrès,

Monsieur Decrès, ministre de la marine, j'ai lu avec attention le rapport et les différentes lettres du capitaine général Decaen. La conduite du général Linois est misérable. Celle du capitaine Larue plus misérable encore. — Napoléon.

(*Correspondance de Napoléon Ier*, t. IX, p. 660.)

Cologne, 28 fructidor an XII.

Au vice-amiral Decrès,

Monsieur Decrès, ministre de la marine, je vous ai déjà exprimé tout ce que je ressentais de la conduite du général Linois.

Si le capitaine Larue est celui qui a été en Egypte, je suis très surpris qu'un homme qui a pu approcher de moi un instant ait pu si mal se conduire. — NAPOLÉON.

(*Correspondance de Napoléon I<sup>er</sup>, t. IX, p. 664.*)

## Le Général LOISON

J'ai rencontré le général Loison dans une calèche, avec deux femmes très jolies, habillées en homme, et une escorte ridiculement nombreuse; c'est révoltant de voir afficher devant une troupe un tel mépris des mœurs.

(Carnet de campagne du duc de Saint-Simon. — *Carnet historique et littéraire, 1899, p. 438.*)

V. le général Junot.

(Général THIÉBAULT, *Mémoires*, t. IV, p. 158.)

## Le Général MACARD

Le général Macard, singulier personnage, véritable colosse d'une bravoure extraordinaire, ne manquait pas de s'écrier lorsqu'il allait charger à la tête de ses troupes : « Allons, je vais m'habiller en bête! . . . » Il ôtait alors son habit, sa veste, sa chemise, et ne gardait que son chapeau empanaché, sa culotte de peau et ses grosses bottes! . . . Une fois habillé en bête, comme il le disait lui-même avec raison, le général Macard se lançait à corps perdu, le sabre au poing, sur les cavaliers ennemis, en jurant comme un païen; mais il parvenait rarement à les atteindre, car à la vue si singulière et si terrible de cette espèce de géant à moitié nu, couvert de poils et dans un si étrange équipage, qui se précipitait sur eux en poussant des hurlements affreux, les ennemis se sauvaient de tous côtés, ne sachant trop s'ils avaient affaire à un homme ou à quelque animal féroce extraordinaire.

Il était d'une complète ignorance. Un jour, un officier placé sous ses ordres vint lui demander la permission d'aller à la ville voisine se commander une paire de bottes. « Parbleu, lui dit le général Macard, cela arrive bien, et puisque tu vas chez un bottier, mets-toi là, prends-moi mesure, et commande-m'en aussi une paire. » L'officier, fort surpris, répond au général qu'il ne peut lui prendre mesure, ignorant absolument comme il fallait s'y prendre pour cela et n'ayant jamais été bottier.

« Comment s'écrie le général, je te vois quelquefois passer des journées entières à crayonner et à tirer des lignes vis-à-vis des montagnes, et lorsque je te demande ce que tu fais là, tu me réponds : « Je prends « la mesure de ces montagnes. » Donc, puisque tu mesures des objets éloignés de toi de plus d'une lieue, que viens-tu me conter que tu ne saurais me prendre mesure d'une paire de bottes à moi qui suis là sous ta main? . . . Allons, prends-moi vite cette mesure sans faire de façon ! . . . »

L'officier assure que cela lui est impossible, le général insiste, jure, se fâche, et ce ne fut qu'à grand'peine que d'autres officiers, attirés par le bruit, parvinrent à faire cesser cette scène ridicule. Le général ne voulut jamais comprendre qu'un officier qui mesurait des montagnes ne pût prendre mesure d'une paire de bottes à un homme ! . . .

(Général MARBOT, Mémoires, t. I, p. 84.)

## Le Général MALET

Malet (Claude-François de), célèbre conspirateur, né à Dôle le 28 juin 1754, fusillé à Paris le 29 octobre 1812.

(LALANNE, Dictionnaire historique de la France.)

## Le Général MENOU

Après avoir montré son incapacité comme administrateur du Piémont, et en quittant cette fonction, on trouva dans son cabinet 900 lettres qui n'avaient pas été ouvertes. Constamment et partout le même, on ne cessa cependant de l'employer. A Venise, dont il eut le gouvernement, il devint éperdument amoureux d'une célèbre cantatrice, Mme Colbran, devenue Mme Rossini, dont il fut la risée, courant après elle dans toute l'Italie, arrivant toujours dans chaque ville après son départ. Il avait rêvé, à Venise, d'être grand-aigle de la Légion d'honneur et commandeur de la Couronne de fer, et il avait pris les décorations de ces ordres et les a portées pendant quinze mois. Toujours perdu de dettes, et de dettes criardes, s'élevant souvent à 300,000 francs, et acquittées plusieurs fois par Bonaparte, il ne pouvait se résoudre à rien payer. D'un caractère violent, il tua d'un coup de bûche, à Turin, un fournisseur de sa maison venu pour lui demander de l'argent. C'était un extravagant, un fou.

(Maréchal MARMONT, *Mémoires*, t. I, p. 411.)


## Le Général MIRANDA

Nommé général de division, il servit sous Dumouriez qui l'accusa d'avoir causé la perte de la bataille de Nerwinde. Traduit devant le tribunal révolutionnaire et absous, il fut incarcéré de nouveau. Condamné à la déportation, il passa en Angleterre, rentra en France (1803), et en fut expulsé.

(LALANNE, *Dictionnaire historique de la France.*)


## Le Général MONET

La résistance de Flessingue, poste avancé d'Anvers, avait été nulle (1). Le général Monet s'y était mal conduit. Je n'en éprouvai aucune surprise; je l'avais jugé un mauvais officier, beaucoup plus occupé à s'enrichir en faisant de la contrebande qu'à remplir ses devoirs.

(Maréchal MARMONT, *Mémoires*, t. III, p. 266.)


(1) En 1809.

# Le Général MONNET

Le général Monnet, un des hommes les plus bornés que j'aie connus. . .

(Général Thiébault, *Mémoires*. t. III, p. 229.)

Le général Monnet, de capacité médiocre, uniquement occupé de ses plaisirs et du soin d'amasser de l'argent. . .

(Général Berthezène, *Souvenirs militaires de la République et de l'Empire*, t. I, p. 277.)

# Le Général MONTBRUN

Le général Montbrun n'avait jamais fait que lever des contributions dans sa promenade sur Alicante.

(Général Bigarré, *Mémoires*, p. 293.)

# Le Général MONTHYON

Monthyon est un des hommes les plus nuls qui existent.

(Général Thiébault, *Mémoires*, t. IV, p. 446, note.)

# Le Général de MONTRICHARD

Le général Montrichard, se retirant assez en désordre devant l'ennemi, bien que poursuivi avec vigueur, au lieu de songer à ses troupes, demande à Léomont, connaissant le pays, de lui indiquer où il pourrait trouver un lit pour se reposer.

(Général Thiébault, *Mémoires*, t. II, p. 409, note.)

## Le Général MOREAU

Moreau (Jean-Victor), célèbre général français...
En 1813, des propositions de l'Empereur de Russie le
rappelèrent en Europe. A la bataille de Dresde, le
27 août 1813, un boulet français le blessa mortellement
pendant qu'il observait les mouvements de notre armée
avec l'Empereur Alexandre et il expira le 2 septembre
suivant.

*(Dictionnaire Larousse*, article : MOREAU.)

## Le Général MOUTON

En 1807, le général Mouton reçoit de Napoléon Ier
100,000 francs en argent et 100,000 francs en rentes sur
l'Etat.

*(Correspondance de Napoléon Ier*, t. XVI, p. 53.)

## Le Général NANSOUTY

En 1807, le général Nansouty reçoit de Napoléon Ier
100,000 francs en argent et 100,000 francs en rentes sur
l'Etat.

*(Correspondance de Napoléon Ier*, t. XVI, p. 53.)

## Le Général OLIVIER

Le général Olivier eut, à Florence ou à Livourne, un
commandement qui l'avait mis en état de faire quelques
épargnes pécuniaires...

*(Général DIRK VAN HOGENDORP, Mémoires*, p. 289.)

## Le Général ORDENER

En 1807, le général Ordener reçoit de Napoléon I<sup>er</sup> 100,000 francs en argent et 100,000 francs en rentes sur l'Etat.

*(Correspondance de Napoléon I<sup>er</sup>, t. XVI, p. 53.)*


## Le Général PELLEPORT

V. l'officier d'état-major de Fezensac.


## Le Général PERNETTY

A Moscou. . . je vis venir le général Pernetty. Il conduisait devant lui un individu misérable, jeune encore et vêtu d'une capote de peau de mouton serrée autour du corps avec une ceinture de laine rouge. Le général, en me voyant, me demanda si j'étais le chef de poste, et, sur ma réponse affirmative, il me dit :

— Eh bien, puisque c'est vous qui commandez ici, vous allez faire périr cet homme à coups de baïonnette; je viens de le surprendre, une torche à la main, mettant le feu au palais où je suis logé.

Aussitôt je commandai quatre hommes pour l'exécution de l'ordre du général; mais le soldat français est peu propre pour des exécutions semblables, il n'a pas assez de sang-froid, surtout lorsqu'il n'est pas provoqué et qu'il n'a pas sa vie à défendre.

Les coups qu'on lui porta ne traversèrent pas sa capote. Nous lui aurions sans doute sauvé la vie à cause de sa jeunesse, et puis, d'ailleurs, il n'avait pas l'air d'un forçat; mais le général, toujours présent afin de voir si l'on exécutait ses ordres, ne partit que lorsqu'il vit le malheureux tomber d'un coup de fusil qu'un soldat lui tira dans le côté, plutôt que de lui faire souffrir mille morts par des coups de baïonnette.

*(Capitaine* BOURGOGNE, *Campagne de Russie, p. 30.)*

## Le Général PERRON

Il y avait un peu plus d'un an que j'étais à Hambourg, quand le général Perron, qui a joué un si grand rôle chez les Marattes et près du prince Scindia, y arriva. Il me dit qu'il avait possédé plus de cinquante millions, mais que pour pouvoir s'embarquer dans un port des Indes Orientales, il avait été obligé de payer aux Anglais des sommes si considérables que cela avait emporté plus des trois quarts de ses richesses.

Quelques jours après l'arrivée du général Perron arriva aussi du Bengale, M. Bourguien. Il était en guerre ouverte avec M. Perron; ils s'accusaient tous deux avec acharnement de la ruine des Marattes; mais tous deux avaient fait une immense fortune.

(BOURRIENNE, Mémoires, t. VII, p. 183.)

## Le Général PICHEGRU

Pichegru (Charles), célèbre général. . . Rendu à son armée (1795), il s'empara de Mannheim. Mais alors il commença à entretenir des liaisons avec le prince de Condé et les royalistes de l'intérieur, compromit par ses fausses manœuvres Jourdan, qui fut obligé de repasser le Rhin, et trama avec Fauche-Borel et Montgaillard une vaste conspiration que firent échouer le désastre de Quiberon et la défaite des sections à Paris. Destitué, il se retira à Arbois, continua ses intrigues, fut arrêté au 18 fructidor et déporté à Sinnamari, d'où il parvint à s'évader (juin 1798).

Il put gagner l'Angleterre, passa en Allemagne où il aida de ses conseils le général Korsakoff (1799), puis, expulsé de Prusse à la demande du gouvernement républicain, organisa la conspiration de Georges Cadoudal. Arrivé secrètement à Paris, arrêté le 28 février 1804, il fut enfermé au Temple. On instruisit son procès et un matin on le trouva étranglé dans sa chambre.

(LALANNE, Dictionnaire historique de la France.)

V. aussi Piet de Chambel.

## Le Général PIET DE CHAMBEL

Arrivé à Poitiers, je donnai un dîner qui me rappelle l'un des trois grands buveurs que j'aie connus : Pichegru, le général de division Bisson, et mon convive Piet de Chambel, alors ordonnateur de la division militaire dont le quartier général était à Poitiers. Pichegru buvait sans bravade quinze à dix-huit bouteilles de vin; les deux autres dépassaient ce nombre et l'on m'a même soutenu que Bisson le doublait.

Quoi qu'il en soit, c'est en toute ignorance que j'avais invité ce Piet de Chambel; par bonheur le préfet, que j'avais eu l'occasion de voir le matin et présumant que l'ordonnateur serait de mon dîner, m'avait averti qu'il ne buvait que du vin de Bordeaux et qu'il en buvait vingt bouteilles.

(Général THIÉBAULT, *Mémoires*, t. 3, p. 190.)

## Le Général PIRÉ

Le général Piré ne voyage jamais sans un bon cuisinier.

(Commandant PARQUIN. *Souvenirs*, p. 304.)

## Le Général POINSOT

Comme je témoignais à ce général mon étonnement de ce qu'il pût se séparer de sa femme sans nécessité, voici quelle fut sa réponse : « Lorsque je reçois, me dit-il, mes lettres de service pour une campagne active, j'achète une propriété que ma campagne est destinée à payer. Sitôt des conquêtes faites, j'obtiens un commandement et, la tranquillité un peu rétablie, je fais venir ma femme; puis, dès que j'ai réuni la somme nécessaire pour acquitter la dette que j'ai hypothéquée sur la guerre, M$^{me}$ Poinsot part pour effectuer elle-même les paiements, liquider ma nouvelle propriété, et parfois l'agrandir. » Rien n'était plus clair.

(Général THIÉBAULT. *Mémoires*, t. III, p. 138.)

## Le Général QUETINEAU

Quetineau (Pierre), général, né à Puy-Notre-Dame (Maine-et-Loire) en 1757, mort sur l'échafaud à Paris, le 16 mars 1794.

(LALANNE. *Dictionnaire historique de la France.*)

## Le Général RAMPON

V. le général Joubert.

## Le Général RAPP

Rapp était un hurluberlu sans mérite transcendant, ce qui ne l'empêchait pas de dire en parlant de ses deux camarades : « Chacun de nous a auprès du général Desaix un emploi différent : Clément est pour les courses, Savary pour la cuisine, et moi pour les coups. »

(Général THIÉBAULT. *Mémoires*, t. II, p. 181, note.)

En 1807, le général Rapp reçoit de Napoléon Ier 100,000 francs en argent et 100,000 francs en rentes sur l'Etat.

(*Correspondance de Napoléon Ier*, t. XVI, p. 53.)

Je suis revenu d'Egypte, alors aide de camp du brave général Desaix, avec deux cents louis d'épargne ; c'était tout ce que je possédais. A l'époque de l'abdication, j'avais quatre cent mille francs de revenus, tant en dotations qu'appointements, gratifications, frais extraordinaires, etc...

(Général RAPP. *Mémoires*, p. 13.)

## Le Général REILLE

En 1807, le général Reille reçoit de Napoléon I<sup>er</sup> 25,000 francs en argent et 25,000 francs en rentes sur l'Etat.

*(Correspondance de Napoléon I<sup>er</sup>, t. XVI, p. 53.)*

## Le Général RICARD

Ricard, chef d'état-major de Soult, fut disgracié, et l'on assura même que, dans une audience publique, l'Empereur lui dit : « Si je vous rendais justice, je ferais rouler votre tête sur l'échafaud. » Rappelé au service, en 1814, il commandait une division, fut un des premiers à abandonner la cause impériale, et en récompense obtint la pairie.

(Général BERTHEZÈNE. *Souvenirs militaires de la République et de l'Empire*, t. I, p. 268.)

## Le Général RIGAU

Rigau (Antoine, baron), général, né le 14 mai 1758 à Agen, mort le 4 septembre 1820, à la Nouvelle-Orléans. ... Condamné à mort par contumace (mai 1816), il passa en Amérique.

(LALANNE. *Dictionnaire historique de la France.*)

## Le Général RIGAUD

Le général Rigaud arrive à Dusseldorf; il ne perd pas de temps à batailler pour du bois vert ou du bois sec. Il frappe une contribution de guerre de quatre millions, payable en vingt-quatre heures.

Les objections ne me manquaient pas contre le droit que prétendait avoir le général; mais le droit était la chose du monde dont il se souciait le moins.

(BEUGNOT. *Mémoires*, t. II, p. 40.)

## Le Général RITAY

*Note pour le major général.*

Finkenstein, 24 mai 1807.

Le major général écrira au général Ritay que je ne, puis que lui témoigner mon extrême mécontentement de son extrême et coupable négligence. — NAPOLÉON.

(*Correspondance de Napoléon I^er*, t. XV, p. 329.)

## Le Général ROCHAMBEAU

A Saint-Domingue... un jour un de mes amis, Antoine Leclerc, s'avisa de faire un vaudeville contre une jolie femme, maîtresse de Rochambeau. On jugera facilement de la colère du chef, qui le fit jeter en prison. Cependant, au moment où il devait croire que le long espace de temps qu'il y était resté avait pu apaiser la colère de Rochambeau, il se vit saisi, transporté sur le navire qui servait à noyer les malheureux nègres, et allait périr, lorsqu'il fit un signe maçonnique. Le capitaine l'aperçut, arrêta l'exécution, et put ainsi sauver la vie à un frère. Leclerc fut finir ses jours à la Havane.

(LEMONNIER-DELAFOSSE. *Campagne de Saint-Domingue*, p. 66.)

## Le Général ROGUET

V. le général Laboissière.

## Le Général RONSIN

Le général Ronsin se livrait à une fougue qu'il était triste de ne voir se tourner que vers le vol, le brigandage et tout ce qui peut déshonorer l'humanité.

(Duchesse D'ABRANTÈS, *Mémoires*, t. IV, p. 131.)

## Le Général ROSSIGNOL

Rossignol, parlant des Échelles de Savoie, un jou disait fort sérieusement au comité du Salut public : « Je comprends très bien que mon infanterie pourra passer, parce que des hommes peuvent monter à une échelle, quoique chargés. Mais ma cavalerie et mon artillerie, quand mille diables d'enfer s'en mêleraient, ils ne feront pas monter une échelle à un cheval. »

(Duchesse D'ABRANTÈS. *Mémoires*, t. IV, p. 233.)

## Le Général RUBI

*Décision.*

Paris, 8 brumaire an IX.

Le ministre de la guerre est invité à faire connaître au général Rubi, commandant le département de l'Ardèche, son mécontentement des mesures arbitraires qu'il a autorisées et de l'indiscipline de quelques-uns des militaires sous ses ordres. — BONAPARTE.

*(Correspondance de Napoléon I<sup>er</sup>, t. VII, p. 396.)*

## Le Général RUFFE

16 messidor an IX.

Le ministre de la guerre propose de destituer Ruffe, chef de brigade, pour avoir fait un commerce d'effets d'habillement et d'équipement.

*(Correspondance de Napoléon I<sup>er</sup>, t. VII, p. 650.)*

## Le Général RUSCA

Le général Rusca, avec son encolure de taureau, ses cheveux crépus et ébouriffés, sa barbe noire et sale comme ses cheveux, sa figure mauvaise, était terrible à voir. Ayant trouvé deux de nos soldats liés ensemble et barbarement mutilés par des Napolitains, cet homme, pour se mettre au niveau des lâches auteurs de ces assassinats, massacra de sa main, en ma présence, et celle de cent témoins, qui comme moi en reculèrent d'horreur, cinq des trois cent quarante prisonniers que nos soldats avaient respectés.

(Général THIÉBAULT, *Mémoires*, t. II, p. 271.)

## Le Général SAINT-HILAIRE

En 1807, le général Saint-Hilaire reçoit de Napoléon I<sup>er</sup> 100,000 francs en argent et 100,000 francs en rentes sur l'Etat.

*(Correspondance de Napoléon I<sup>er</sup>*, t. XVI, p. 53.)

## Le Général SALLIGNY

Le général Salligny fit piller un juif levantin qui cheminait avec quelques voitures chargées d'effets précieux; ses aides de camp et ses domestiques pratiquèrent cette opération; aussi le lendemain toute l'armée admira ses domestiques les épaules couvertes de pièces de velours ou de soie pour se garantir du froid. Quant au général, chacun sut bien que son fourgon était rempli d'effets beaucoup plus précieux. Le juif s'en alla tristement à Vienne déplorer son infortune; après la campagne, quand nous étions en cantonnement dans cette ville, il porta plainte au major-général, qui ordonna des informations; mais on apaisa l'affaire en rendant au juif quelques ballots de soieries.

Cette honorable anecdote n'a pas empêché le général Salligny de devenir un grand personnage; il passa à Naples avec le roi Joseph, dont il devint le ministre de la guerre, puis le suivit en Espagne avec la même qualité, et il y est mort.

(Colonel PION DES LOCHES, *Mes Campagnes*, p. 153.)

Parti seul avec le colonel Demarçay, le 28 brumaire (19 novembre 1805), pour Unterwesternitz, je fus témoin d'un tour de maître du général Salligny. Sûrs de ne pas trouver de partis ennemis sur notre chemin, nous avions coupé au court, au lieu de suivre la route que suivait le corps d'armée. Vers midi, nous arrivâmes dans un village où était un château d'assez bonne mine et d'où nous vîmes sortir des voitures de vin qu'un officier faisait conduire au 5ᵉ corps. Nous entrons, l'intendant nous fait servir à dîner. A peine étions-nous à table, qu'entre le général Salligny avec tout son état-major; il reproche en termes très durs au colonel de s'être écarté du corps d'armée et demande à l'intendant ce que sont ces voitures de vin qu'il a rencontrées dans le village; il les fait arrêter sous prétexte que le maréchal Lannes ne peut pas requérir de vivres si près du passage du corps d'armée du maréchal Soult; il les confisque pour nous, puis il les vend à l'intendant, et nous entendîmes distinctement le bruit des écus qu'on comptait dans la chambre voisine à un aide de camp du général. Pendant cinq jours que dura notre route de Znaïm à Austerlitz, le général Salligny, à la tête de son état-major, faisait des réquisitions de vivres dans tous les villages près desquels nous passions, il les vendait ensuite aux autorités qui les avaient fournies et un jour la division Vandamme manqua de pain. J'ai entendu celui-ci accuser hautement Salligny à la tête de sa division et faire même retomber ses reproches sur le maréchal Soult.

(Colonel Pion des Loches, *Mes Campagnes*, p. 155.)


## Le Général Jean SARRAZIN

Le général Jean Sarrazin, ancien chef d'état-major de Bernadotte aux armées d'Allemagne et d'Italie, ancien général de brigade au service de Napoléon, quitta le camp de Boulogne en 1810, passa en Angleterre pour y vendre les plans de campagne qu'il avait dérobés et servir contre son pays. Il réclamait à l'Angleterre, pour prix de sa trahison, un traitement annuel de 3,000 livres sterling, 50,000 livres sterling en échange de ce qu'il avait sacrifié et 10,000 livres sterling pour son usage immédiat. En outre, il exigeait le rang de lieutenant-général. Ses autres prétentions, selon Fauche-Borel (*Mémoires*) étaient aussi immodérées.

Condamné à mort pour crime de trahison, ce triste personnage rentra en France avec les Bourbons et fut nommé maréchal de camp des armées, mais sans acti-vité. En 1817, il fut chassé de l'armée, accusé et reconnu coupable de bigamie en 1818 : il fut condamné aux tra-vaux forcés, à la dégradation et à l'exposition, par arrêt de la Cour d'assises de la Seine, en date du 24 juillet 1819 (il avait en effet épousé trois femmes), mais il fut au bout de deux ans gracié par le roi.

(Adjudant-général Landrieux, Mémoires,<br>Inroduction, p. 6, note.)

## Le Général SAVARY (1)

Le régime de la prison du Temple était tout à fait militaire depuis que le général Savary en avait la garde et le commandement supérieur. Un jour Savary excita dans le Temple une indignation générale. Voici à quelle occasion : l'infortuné Villeneuve marchait à côté de son gendarme ; il avait le bras en écharpe, ayant été blessé au moment de son arrestation. En passant il coudoya le général Savary, qui l'apostropha de la manière la plus brutale. La réponse que lui fit le prisonnier fut qu'il était sur son terrain, et que lui, Savary, pouvait s'aller promener. Ce dernier le saisit à l'instant par le collet de son habit, qu'il déchira, et, après l'avoir ainsi mal-traité, il fit mettre aux fers ce malheureux jeune homme.

(Fauche-Borel, Mémoires, t. III, p. 144.)

Deux officiers, qui, depuis, ont eu différente célébrité, servaient près de Desaix : Savary et Rapp. Par égard pour sa mémoire, le premier consul les attacha à sa per-

---

(1) Duc de Rovigo.

sonne et les fit ses aides de camp. J'eus l'occasion de reconnaître, en cette circonstance, le degré de sensibilité de cœur de Savary. A la fin de la bataille, au milieu de ma grande batterie, il me demanda où était le général Kellermann, auquel il portait des ordres, et je le lui indiquai. Le lendemain, causant avec lui de la mort du général Desaix : « C'était pendant que je vous parlais hier que cela s'est passé, me dit-il ; quand je suis revenu et que je l'ai trouvé mort, jugez quelle a été ma sensation ; et je me suis dit tout de suite : « Qu'est-ce que tu vas devenir ? »

Quelle naïveté et quelle candeur dans l'égoïsme ?

(Maréchal MARMONT, Mémoires, t. II, p. 140.)

En 1807, le général Savary reçoit de Napoléon I<sup>er</sup> 100,000 francs en argent et 100,000 francs en rentes sur l'Etat.

(Correspondance de Napoléon I<sup>er</sup>, t. XVI, p. 53.)

## Le Général SOLIGNAC

Pendant la campagne d'Italie Solignac n'avait pas eu d'avancement, mais il avait escompté ses services à un autre taux et rapportait dans sa voiture 400,000 francs en or. Cette somme, fort respectable en tout temps, était tout à fait considérable à cette époque ; pour Solignac, né de parents très pauvres qui n'avaient pu lui donner aucune instruction, c'était une fortune magnifique. Un jour que Burthe et moi nous le félicitions de la position dans laquelle il se trouvait : « Vous croyez donc, nous répondit-il avec dédain, que j'attache un grand prix à cet argent ? Détrompez-vous. Quand on a su le gagner (nous n'osâmes rire de l'expression), on sait le perdre, parce qu'on sait le regagner. Ainsi demain il ne me resterait rien de cette prétendue fortune qu'après-demain j'en aurais une autre. » Il tint parole, perdit au jeu plus qu'il n'avait, et, pour le reperdre encore, regagna plus qu'il n'avait perdu.

(Général THIÉBAULT, Mémoires, t. IV, p. 132.)

Solignac, joueur effréné, libertin, faisait par tous les
moyens du monde de l'argent pour le maréchal Masséna, afin d'en faire pour son compte.

(Général THIÉBAULT, *Mémoires*, t. II, p. 128.)


Paris, 12 mars 1806.

Au général Dejean,

Envoyez chercher Solignac; il m'a fait une déclaration inexacte. J'ai de Trieste, Padoue, Vicence, etc...,
des renseignements précis. Que Solignac vous fasse une
déclaration nette. Je veux avoir jusqu'au dernier sou. Si
je ne l'ai point, je nomme une commission de sept colonels pour faire des enquêtes, et je fais condamner Solignac et qui de droit, par ce Tribunal, à des peines infa-
mantes : ils ont trop abusé. S'il vous déclare même
jusqu'à 6 millions avec tous les détails pour les retrouver, bien; sans quoi, faites-le arrêter. — NAPOLÉON.

(*Correspondance de Napoléon Ier*, t. XII, p. 216.)


Paris, 26 mars 1806.

Au Prince Eugène,

... Solignac est parti, il a promis de faire verser 5 à
6 millions. C'est à cette condition que j'arrête toute
poursuite. — NAPOLÉON.

(*Correspondance de Napoléon Ier*, t. XII, p. 269.)


Paris, 31 mars 1806.

Au Prince Eugène,

Mon fils, j'ai destitué le général Solignac. Mon intention est bien de lui faire rendre tout ce qu'il a pris.
— NAPOLÉON.

(*Correspondance de Napoléon Ier*, t. XII, p. 301.)


La Malmaison, 1er avril 1806.

Au Général Dejean,

... J'ai destitué le général Solignac. Vous lui notifierez
sa destitution, et vous lui ferez connaître que je sais, à
point nommé et en grand détail, tout l'argent qu'il a

eu, et pour lui et pour d'autres; qu'il faut que, sans délai, il restitue tout ce qui, dans la levée des contributions, a été à son profit; que l'Empereur, qui ne veut pas outrer les mesures de sévérité, voudra bien ne pas aller plus loin si ces sommes sont promptement rétablies dans la caisse de l'armée; mais que, si le général Solignac tarde à le faire, il sera traduit devant une commission militaire comme ayant détourné à son profit des fonds destinés à servir à l'entretien et à être la récompense des soldats. — NAPOLÉON.

*(Correspondance de Napoléon I<sup>er</sup>, t. XII, p. 307.)*

## Le Général SONGIS

En 1807, le général Songis reçoit de Napoléon I<sup>er</sup> 100,000 francs en argent et 100,000 francs en rentes sur l'Etat.

*(Correspondance de Napoléon I<sup>er</sup>, t. XVI, p. 53.)*

## Le Général SOUHAM

Souham, prêt à arborer l'étendard de la révolte, mendia encore à Fontainebleau de l'argent à Napoléon, et sur moins de 100,000 francs restant seuls à celui-ci de l'empire du monde, il arracha encore à l'indignation de son ancien maître et souverain 10,000 francs que M. Fain lui compta.

*(Général* THIÉBAULT, *Mémoires, t. IV, p. 528.)*

## Le Général STROLTZ

V. le général Bigarré.

## Le Général TAVIEL

Le général Taviel, vers 1831, dit chez la comtesse de Sugny : « Il n'y a qu'un général qui n'ait pas volé en

Portugal, et c'est le général Thiébault. — J'espère, lui observa M^me de Sugny, que vous vous exceptez aussi des voleurs. — Ma foi non, répliqua-t-il, il y a deux petites occasions où cela a été plus fort que moi. »

(Général THIÉBAULT, *Mémoires,* t. IV, p. 201.)

## Le Général THIÉBAULT

Pendant les cent quatre-vingt-quatre jours que je passai à Fulde, avec ma bienvenue de 60,000 francs, le traitement du pays qui s'éleva à 120,000 francs, et 35,000 francs de frais de représentation, je touchai le total de 212,500 francs.

(Général THIÉBAULT, *Mémoires,* t. IV, p. 9.)

J'achetai à Francfort une robe de mousseline des Indes. J'entrai la robe en contrebande dans la calotte de mon chapeau. Nous ne nous en tenions pas à cet objet de contrebande et le maréchal Kellermann voulut bien se charger d'entrer le reste à Mayence.

(Général THIÉBAULT, *Mémoires,* t. IV, p. 71.)

La veille de notre départ de Bayonne, le général Junot me prit à part et me dit : « Nous sommes destinés à une mission (la guerre d'Espagne) qui ne peut manquer d'avoir pour les généraux qui y auront pris part des avantages même pécuniaires; vous ne serez pas oublié, et cette campagne vous vaudra 300,000 francs; c'est moi qui vous les promets. »

(Général THIÉBAULT, *Mémoires,* t. IV, p. 133.)

Un jour qu'avec le général Junot je visitais le château Quélus, il s'était aperçu que j'admirais beaucoup une vierge en mosaïque sur lapis-lazuli, dans un cadre d'argent orné de huit anges en haut relief et du même métal. C'était le cadeau d'un pape à je ne sais plus quel souverain de Portugal, et, sans que je m'en aperçusse, le général Junot donnait l'ordre de me l'apporter de sa part. Je l'avais trouvée chez moi en y rentrant.

(Général THIÉBAULT, *Mémoires*, t. IV, p. 197.)

V. le général Gardanne.

(Général THIÉBAULT, *Mémoires*, t. II, p. 220.)

V. aussi le général Championnet.

(Général THIÉBAULT, *Mémoires*, t. II, p. 427.)

## Le Général THURING

Osterode, 22 mars 1807.

A M. Fouché,

Je ne sais pas si je vous ai écrit qu'un général réformé nommé Thuring vint, l'année passée, à Austerlitz, sous prétexte d'être employé. Il ne le fut pas, mais il rôda de division en division. Il n'excita alors aucun soupçon. Cette année, il en a fait autant. Quelques officiers qui l'ont vu le suspectèrent, à raison d'une grande dépense qu'il faisait et qui était au-dessus de ses moyens. Cependant je rejetai ces indices si légers. Je me contentai de le renvoyer de l'armée. J'ai découvert depuis que ce misérable est un espion; il a passé aux avant-postes, et dans ce moment il est à Saint-Pétersbourg. Voyez s'il a des biens en France : informez-en Dejean et Mollien pour que l'on arrête tous les traitements qu'il peut avoir. Comme c'est un impudent, il est possible qu'il revienne en France; voyez quelles sont ses connaissances en France. Ecrivez en Italie, Hambourg, Dalmatie et Constantinople; car sous son uniforme, il pourrait faire beaucoup de mal. — NAPOLÉON.

(*Correspondance de Napoléon I<sup>er</sup>*, t. XIV, p. 619.)

## Le Général TILLY

Paris, 24 pluviôse an IX.

Au général Berthier,

Vous donnez, citoyen ministre, au général Tilly, le titre de général en chef par intérim. Cela est contraire aux usages militaires, puisqu'on ne peut prendre ce titre qu'avec une commission de général en chef.

Les généraux se prévalent des titres et grades que leur donnent les bureaux pour toucher les appointements qui y sont attachés, et continuent à prendre ces titres. Je vous prie de recommander à vos bureaux la plus grande sévérité sur cet objet. — BONAPARTE.

(*Correspondance de Napoléon I<sup>er</sup>*, t. VII, p. 31.)

## Le Général TURREAU

Turreau de Garambouville (Louis-Marie, baron), général, né à Evreux le 4 juillet 1756..... Il s'empara de Noirmoutier où il fit prisonnier d'Elbée et commit dans le pays insurgé des dévastations qui, après le 9 thermidor, le firent suspendre, puis arrêter.

(LALANNE. *Dictionnaire historique de la France.*)

## Le Général VACHOT

Un jour que Douzelot eut à parler au général Vachot, plus ignorant, plus commun qu'il n'est possible de l'imaginer, nous le trouvâmes préparant lui-même son dîner, en tablier de cuisine et en bonnet de coton. Son origine ne pouvait être que très basse, mais elle ne lui donnait nullement les goûts républicains, du moins quant à sa mise. Ses habits, ses gilets, ses redingotes étaient brodés du haut en bas, en dessus et en dessous, de sorte qu'il avait l'air d'un volume doré sur tranche.

(Général THIÉBAULT. *Mémoires*, t. I, p. 481.)

## Le Général VALENCE

Valence (Cyrus-Marie-Alexandre de Timbrune, comte de), général..... servit sous Dumouriez avec lequel il passa à l'ennemi.

(LALANNE. *Dictionnaire historique de la France.*)

## Le Général VANDAMME

Vandamme avait la réputation d'être pillard.

(Général BERTHEZÈNE. *Souvenirs militaires,* t. II, p. 279, note.)

Napoléon disait de Vandamme, à Dresde : « Si je perdais Vandamme, je ne sais ce que je ne donnerais pas pour le ravoir ; mais si j'en avais deux, je serais obligé d'en faire fusiller un. » C'était bien assez d'un en effet.

(BOURRIENNE, *Mémoires*, t. IX, p. 178.)

On aurait dit que Vandamme prenait à tâche de marquer son pouvoir par les mesures les plus inconcevables. Aucune considération ne l'arrêtait : il ne connaissait en effet d'autre science que celle du sabre.

(BOURRIENNE, *Mémoires*, t. IX, p. 180.)

## Le Général VARRIN

Le général Varrin se faisait payer 440 lires (352 francs) par jour, rien que pour sa table, et demandait au Trésor cisalpin de l'argent pour le double de son effectif.

(TROLARD. *De Rivoli à Marengo,* t. II, p. 176.)

## Le Général VERDIER

En revenant d'Égypte, le général Verdier fut appelé à commander à Livourne. L'extrait suivant d'une lettre qu'il écrivait à un de ses amis, un sieur Quiclet, bijoutier à Paris, montre qu'il ne savait point rester inactif :
« ... Me trouvant à Livourne et ayant quelques fonds à pouvoir hasarder aux caprices de la mer, j'ai armé, il y a tout à l'heure deux mois, un corsaire que j'ai envoyé croiser entre la Corse et la Barbarie, où il m'a fait trois prises, qui évaluées ensemble peuvent rendre une somme de 40 à 50,000 francs... Avant de clore ma lettre, on m'annonce qu'une quatrième prise entre dans le port. » (1).

(TROLARD, *De Montenotte au Pont d'Arcole*, p. 440.)

## Le Général VIAL

Vial aime beaucoup l'argent, et s'en est procuré par des moyens que la probité ne peut approuver.

(Lettre de Bonaparte au Directoire Exécutif. — Milan, 30 frimaire an V. — *Archives nationales*, AF III, 72, Dossier 291.)

## Le Général VIALLANES

Posen, 10 novembre 1806.

Le maréchal Davout au major général,

Le général Viallanes a laissé piller toute sa cavalerie légère dans l'arrondissement de Francfort, où elle a pris et revendu plus de 240 chevaux ; et lui-même a fait des demandes de chevaux qu'il a convertis en argent, no-

(1) Manuscrit Bibl. Nat. F. Fr. n° 11, 277.

nobstant la défense que je lui avais faite plusieurs fois de faire ce commerce honteux, surtout à Naunsburg, où je l'ai pris sur le fait.

(Capitaine FOUCART. *Campagne de Prusse (1806)*, p. 669 note.)

## Le Général VILLOT

Le général Villot ne fit autre chose que voler en Italie et prêter à usure à Londres.

(MUNIER-DESCLOZEAUX. *Indiscrétions*, t. II, p. 64.)

## Le Général de VILLOUTREYS

V. de Willoutreys.

## Le Général VIRIEU

Virieu (François-Henri, comte de)... Après avoir voté pour les mesures hostiles à la cour, il prit ensuite sa défense, et par l'intermédiaire de sa tante, Mme de Tourzel, entretint des relations suivies avec le roi, qui le chargea d'une mission secrète près des princes, à Coblentz. Se trouvant à Lyon lors de l'insurrection de cette ville contre la convention, il en fut un des organisateurs.

(LALANNE, *Dictionnaire historique de la France*.)

## Le Général WALTHER

En 1807, le général Walther reçoit de Napoléon Ier 100,000 francs en argent et 100,000 francs en rentes sur l'Etat.

(*Correspondance de Napoléon Ier*, t. XVI, p. 53.)

## Le Général WATIER

L'empereur avait nommé le général Watier comte de Saint-Alphonse ; il en avait fait un de ses écuyers, et l'avait pourvu, indépendamment de la solde, du traitement de la Légion d'honneur, de gages, et de je ne sais combien de gratifications, d'une dotation de 50,000 francs de revenu.

(Général THIÉBAULT, *Mémoires*, t. V, p. 201.)

## Le Général de WILLOUTREYS

Escorté par des détachements successivement espagnols et français, il emmena (après Beylen), une voiture sur le contenu de laquelle l'opinion fut plus unanime qu'honorable. Parvenu en France, il fit un grand détour pour déposer ce qu'elle contenait dans une propriété qu'il avait dans le Midi.

(Général THIÉBAULT, *Mémoires*, t. V, p. 454.)

# OFFICIERS DIVERS

# OFFICIERS DIVERS

## Le Major AMEIL

Le major Ameil était un chef de partisans dans toute la force du terme, et il faisait plus la guerre pour son propre compte que pour contribuer aux succès des opérations de l'armée.

(Bourrienne, Mémoires, t. VII, p. 163.)

## L'Officier ANDRÉ

André, officier dans un régiment de cavalerie légère en garnison à Valenciennes, déserta quelques jours avant l'ouverture de la campagne (de 1815).

(Général Berthezène, Souvenirs, t. II, p. 357, note.)

## Le Colonel ANDRIEUX

V. le commissaire des guerres Bouquet.

(Bourrienne, Mémoires, t. V, p. 353.)

## Le Capitaine ARGENTON

Arrêté, accusé par le maréchal Soult lui-même, de connivence avec les Anglais, il fut traduit devant un conseil de guerre et fusillé dans les fossés de Vincennes.

(Général Thiébault, *Mémoires*, t. IV, p. 338.)

## Le Commandant ARNOULT

Mombello, 17 prairial an V.

Au Général Berthier.

Vous voudrez bien, citoyen général, donner des ordres au général Brune, qui commande le Padouan, de faire arrêter et traduire devant un conseil militaire le citoyen Arnoult, commandant de la place de Padoue, comme accusé :

1º De s'être emparé des sels de la Chiusa et d'en avoir vendu à des particuliers ;

2º D'avoir refusé de les remettre à la dispositon des autorités du pays, conformément à mon ordre et à la réquisition qui en a été faite par des agents administratifs de l'armée, etc. — BONAPARTE.

(*Correspondance de Napoléon I^er*, t. III, p. 122.)

## Le capitaine ARTUS

Paris, 12 prairial an IX.

Au Général Mortier, commandant la I^re division militaire.

J'apprends, citoyen Général, que le citoyen Artus, capitaine à la suite du 7^e régiment de hussards, est arrêté pour avoir frappé une sentinelle qui exécutait sa consigne au théâtre du Vaudeville. Je vous prie de le faire traduire à un conseil militaire, pour y être puni selon la rigueur des lois. — BONAPARTE.

*(Correspondance de Napoléon I<sup>er</sup>, t. VII, p. 206.)*

## L'Officier d'administration AUZOU

Auzou est un fripon, et ne fait jamais son service.

*(Correspondance de Napoléon I<sup>er</sup>, t. II, p. 66.)*

J'apprends avec indignation que le citoyen Auzou se retire avec les 15 ou 1,600,000 francs qu'il a à l'armée. Cette conduite est celle d'un escroc.

*(Lettre de Bonaparte au citoyen Deuniée, du 11 brumaire an V. — Correspondance de Napoléon I<sup>er</sup>, t. II, p. 111.)*

J'ai fait arrêter le citoyen Auzou, agent en chef des fourrages de l'armée : il a reçu 1,700,000 francs depuis la campagne, et il laisse manquer son service partout : je vais le faire juger par un conseil militaire. Il faudrait quelque grand exemple; malheureusement il y a beaucoup de tripotage dans ces conseils, qui ne sont pas assez sévères.

*(Lettre de Bonaparte au Directoire Exécutif, 16 frimaire an V. — (Correspondance de Napoléon I<sup>er</sup>, t. II, p. 182.)*

## L'Aide de camp BERTIN

Un officier avait été rencontré porteur de l'ordre ci-après :

« Venant de recevoir l'ordre de se rendre en Italie pour y commander un corps de troupes, le général Vandamme ordonne à M. Bertin, officier de correspondance de son état-major, de partir de Schweidnitz, avec son fourgon contenant ses cartes, plans, etc... pour se rendre à Strasbourg. »

*Décision.*

Ostende, 26 mars 1807.

Comme le général Vandamme n'a jamais reçu l'ordre de se rendre en Italie, il est évident que le fourgon passé à Bamberg n'est pas à lui. Donnez ordre que ce fourgon soit arrêté, l'officier mis en prison, ainsi que les conducteurs, et qu'inventaire soit dressé de tout ce qui est contenu dans le fourgon. Le tout sera mis en séquestre jusqu'à nouvel ordre. — NAPOLÉON.

(*Correspondance de Napoléon I<sup>er</sup>, t. XIV, p. 655.)

## Le Commissaire des guerres BOUQUET

Kilmaine nomma une commission pour s'assurer de tous les fonds publics appartenant au gouvernement de Venise. Il fut assez difficile de faire rendre gorge aux commissaires qui avaient déjà touché de l'argent, et notamment au commissaire des guerres Bouquet qui prétendait retenir 24,000 livres pour perte de ses équipages; puis, il réduisit ses prétentions à 4,800 livres et ne céda que devant la menace du conseil de guerre.

(Adjudant-général LANDRIEUX, *Mémoires*, introd., p. 248.)

20 floréal an V.

Au général Victor,

Je vous préviens, général, que, d'après le compte que vous avez rendu du vol fait au Mont-de-Piété, par le commissaire des guerres Bouquet, chargé par le général Kilmaine d'y apposer les scellés, le général en chef a donné des ordres pour que ce commissaire des guerres soit arrêté partout où il se trouvera et traduit au conseil de guerre pour y être jugé conformément aux lois et d'après le délit dont il s'est rendu coupable.

*Par ordre du général en chef.*

*(Correspondance de Napoléon Ier, t. III, p. 46.)*

—Lors de l'occupation de Vérone qui possédait un Mont-de-Piété renfermant pour plus de 12 millions de valeurs, Bouquet, attaché alors en sa qualité de commissaire des guerres, et un colonel nommé Andrieux, attaché à l'état-major de la division Kilmaine, se présentèrent dans cet établissement, déclarèrent au concierge qu'ils étaient chargés par leurs généraux de faire un inventaire au Mont-de-Piété, se firent ouvrir toutes les portes et consignèrent le concierge et sa famille dans leur logement.

L'honnête opération de Bouquet et d'Andrieux étant terminée, ils rendirent, en partant, la liberté au concierge qui s'empressa de visiter les lieux. La première chose qui le frappa fut l'absence des registres ; les caisses étaient brisées et tout l'argent monnayé qu'elles contenaient avait disparu ; les panneaux et plusieurs armoires avaient été enfoncés.

Andrieux s'enfuit, mais Bouquet fut arrêté. Le capitaine rapporteur, chargé de l'interroger, trouva dans les déclarations de Bouquet des choses qui compromettaient tant de personnes qu'il crut devoir suspendre l'instruction pour faire connaître ces dispositions au président de la commission qui à son tour n'osa pas aller plus avant sans consulter le général Augereau. Je ne sais quelles personnes se trouvaient compromises, mais ce qu'il y a de certain c'est que quelques jours après on apprit que Bouquet s'était évadé, de sorte qu'il devint impossible de donner suite à l'accusation.

*(BOURRIENNE, Mémoires, t. V, p. 353.)*

## BOURRIENNE

Bourrienne aimait immodérément l'argent ; avec ses talents et sa position auprès de Bonaparte, à l'aurore de sa grandeur, il serait arrivé à tout, et comme fortune et comme position sociale; mais son avide impatience a étouffé son existence au moment où elle pouvait se développer et grandir.

(Maréchal MARMONT, *Mémoires*, t. I, p. 63.)

Bourrienne faisait des dépenses et des acquisitions qui n'étaient pas en proportion avec la fortune que lui connaissait le premier Consul.

(Baron MENEVAL, *Mémoires*, t. I, p. 146.)

Une maison alors des plus notables, avait, parmi ses spéculations, fait l'entreprise des fournitures de la guerre; à la connaissance de Berthier, ministre avec lequel la maison avait traité, j'avais, avec mon argent, pris un intérêt dans cette spéculation. On insinua que j'étais accusé d'avoir abusé de ma position... Le premier Consul me déclara qu'il n'avait plus besoin de mes services.

(BOURRIENNE, *Mémoires*, t. V, p. 170.)

A peu près vers le même temps où je fus appelé au cabinet de Napoléon, Bourrienne avait obtenu, par son crédit au ministère de la Guerre, la fourniture des équipements et harnachements militaires. Comme il ne pouvait paraître en nom, ce fut aux frères Coulon que la fourniture fut adjugée; Bourrienne fournit les fonds nécessaires pour monter l'entreprise.

(Baron MENEVAL, *Mémoires*, t. I, p. 147.)

Si Bourrienne, l'homme le plus rusé et le plus ingrat de tous ceux qui flattaient l'idole du jour, ne se fût pas coulé à fond dans une mission de confiance que lui donna le premier Consul, il serait devenu un de ses premiers ministres et aurait commis tant d'exactions et d'abus d'autorité qu'il eût fait détester le pouvoir placé entre les mains du général Bonaparte; mais le voyage qu'il fit à Hambourg le démasqua totalement. Il perdit, au retour de ce voyage, le crédit dont il jouissait auprès du premier Consul, et chacun vit sa disgrâce du même œil qu'on voit la punition d'un méchant.

(Général BIGARRÉ, *Mémoires*, p. 120.)

La conduite de Bourrienne, ministre plénipotentiaire à Hambourg, était loin d'être irréprochable. La croix de la Légion d'honneur était souvent demandée dans ses lettres. J'avais ordre de n'y pas répondre. Comme cette demande se renouvelait fréquemment, j'obtins de l'Empereur cette réponse : « Ecrivez-lui que, comme il sacrifie au veau d'or, il aura de l'argent, mais que, quant à la Légion d'honneur, je ne la donne qu'à ceux que... »

(Baron Meneval, Mémoires, t. I, p. 335.)

## Le Capitaine BOURGOGNE

Nous avançâmes sur la route de Kalougha.

Nous fûmes obligés d'arrêter pour attendre la gauche de la colonne. Je profitai de cette circonstance pour faire une revue de mon sac (1) qui me semblait trop lourd, afin de voir s'il n'y avait rien à mettre de côté pour m'alléger; il était bien garni. J'avais plusieurs livres de sucre, du riz, un peu de biscuit, une demi-bouteille de liqueur, le costume d'une femme chinoise en étoffe de soie brodée d'or et d'argent; plusieurs objets de fantaisie en or et en argent; entre autres un morceau de la croix du grand Iwan, c'est-à-dire un morceau de l'enveloppe qui la recouvrait, était d'argent doré et m'avait été donné par un homme de la compagnie qui avait été commandée de corvée, avec d'autres hommes du même état (couvreurs et charpentiers) pour la détacher.

J'avais aussi mon grand uniforme; une grande capote de femme, servant à monter à cheval; cette capote était de couleur noisette et doublée en velours vert, et, comme je n'en connaissais pas l'usage, je me figurais que la femme qui l'avait portée avait plus de six pieds.

J'avais aussi deux tableaux en argent d'un pied de long sur huit pouces de hauteur, dont les personnages étaient en relief; l'un de ces tableaux représentait le jugement de Pâris, sur le mont Ida; l'on y voyait Junon,

---

(1) L'auteur ne devint officier que quelques jours plus tard.

Pallas et Vénus recevant la pomme de la main de Pâris; l'autre représentait Neptune sur un char formé d'une coquille et traîné par des chevaux marins. Ce tableau était d'un travail fini. J'avais, en outre, plusieurs médaillons et crachats d'un prince russe, enrichis de brillants. Tous ces objets étaient destinés à des cadeaux et avaient été trouvés dans les caves ou les maisons écroulées par suite de l'incendie.

Comme on le pense, mon sac devait peser; pour qu'il ne fût plus aussi lourd, je laissai sur le terrain ma culotte blanche, prévoyant bien que je n'en aurais pas besoin de sitôt. J'avais, en outre, sur ma chemise un gilet de soie jaune, piqué et ouaté, que j'avais fait moi-même avec le jupon d'une femme, et par-dessus tout, un grand collet, doublé en peau d'hermine, plus une carnassière suspendue à mon côté, et sous mon collet, par un large galon en argent, contenant plusieurs objets, parmi lesquels était un Christ en or et en argent, ainsi qu'un petit vase en porcelaine de Chine, qui ont échappé au naufrage comme par miracle.

Je les ai encore et je les conserve comme des reliques; ensuite venaient mon fourniment, mes armes et soixante cartouches dans ma giberne.

(Capitaine BOURGOGNE. — Campagne de Russie, p. 58.)

Ce petit vase, je le conserve toujours; il est chez moi, sous le globe d'une pendule, avec une petite croix en argent qui avait été trouvée dans les caveaux de l'église Saint-Michel, au Kremlin, où sont les tombeaux des empereurs.

(Id., p. 160, note.)

## L'Adjudant-général BOYER

Quartier général, Sacile, 25 ventôse, an V.

Au général Guieu,

Ordre au général Guieu de mettre aux arrêts, jusqu'à nouvel ordre, l'adjudant-général Boyer, chef d'état-major de sa division, pour avoir retardé le paiement du prêt de la troupe. Par ordre du général en chef.

(Correspondance de Napoléon I<sup>er</sup>, t. II, p. 507.)

## Le Chirurgien BOYER

Quartier général, au Caire, 19 nivôse an VII.

*Ordre du jour.*

Le citoyen Boyer, chirurgien des blessés à Alexandrie, qui a été assez lâche pour refuser de donner des secours à des blessés qui avaient eu contact avec des malades supposés atteints de maladies contagieuses, est indigne de la qualité de citoyen français. Il sera habillé en femme, promené sur un âne dans les rues d'Alexandrie, avec un écriteau sur le dos, portant : *Indigne d'être Français, il craint de mourir.* Après quoi il sera mis en prison et renvoyé en France sur le premier bâtiment.

Le commandant d'Alexandrie enverra un exemplaire dudit ordre du jour au président de son département, avec invitation de le rayer de la liste des citoyens français. — BONAPARTE.

*(Correspondance de Napoléon Ier, t. V, p. 310.)*

## Le Commissaire des Guerres BREIDT

Osterode, 26 mars 1807.

Au général Dejean,

. . . Ne me parlez plus de la compagnie Breidt ; c'est un tas de gueux qui ne font pas de service : il vaut mieux ne rien avoir. Je regrette l'argent que je leur ai donné. Il n'a pas tenu à eux que le service ne manquât tout à fait. Ils mettent quatorze jours à faire une route que l'on fait en cinq jours, et ils ont une bonne raison pour cela : les conducteurs sont chargés des réparations, et ils ne demandent pas mieux que de faire prendre leurs voitures pour se les faire payer. Il n'est pas impossible de trouver des commissaires des guerres honnêtes gens. . . — NAPOLÉON.

*(Correspondance de Napoléon Ier, t. XIV, p. 678.)*

## Le Garde-magasin BRETZ

La Malmaison, 1er avril 1806.

Au général Dejean,

Monsieur Dejean, un nommé Bretz, garde-magasin de la 4e division, sous les ordres du commissaire des guerres Masséna, a reçu du gouvernement de Vicence 2,116 livres ou souverains, en échange d'un bon de 8,000 rations de pain, dont il n'a été reçu que 100. Ordonnez l'arrestation de cet individu. — NAPOLÉON.

*(Correspondance de Napoléon Ier, t. XII, p. 307.)*

## Le Chevalier BRUNEL

Le chevalier Brunel, dans le *Récit des Evénements de Pont-sur-Yonne, le 11 février 1814*, écrit :

« ... Alors, séduit, enthousiasmé au nom des Bourbons, je répondis au prince de Wiggenstein que j'étais prêt à mourir pour les cosaques et que j'indiquerai le chemin pour tourner Nogent. » — Les habitants de Nogent, qui furent si abominablement pillés, durent se féliciter du dévouement aux Bourbons du chevalier Brunel.

*(H. HOUSSAYE, 1814, p. 22, note.)*

## L'Aide de Camp BURTHE

Le général Masséna avait à peine dépassé la porte du Peuple, lors de l'entrée à Rome, que, les cartes à la main, Burthe était déjà aux prises avec le frère du général Duphot, et que, assis à la même table, ne suspendant leur partie que pour boire et pour manger, ces deux enragés se disputèrent pendant soixante-douze heures (du dimanche à midi au mercredi à midi) tout ce contenait leur bourse.

(Général baron THIÉBAULT, Mémoires, t. II, p. 171.)


## L'Aide de Camp DE CANOUVILLE

M. de Canouville, aide de camp de Berthier, était un des beaux de l'armée.

(Général MARBOT, Mémoires, t. II, p. 445.)


Plusieurs dames de la famille de Bonaparte étant venues le rejoindre à Milan, l'une d'elles (1) épousa l'un de ses généraux les plus dévoués, et comme, selon la mode du temps, elle montait à cheval, ayant une petite pelisse à la housarde par-dessus ses vêtements féminins, Bonaparte lui en avait donné une remarquable par sa fourrure et surtout parce que tous les boutons étaient en diamant. Quelques années après, cette dame, devenue veuve, s'était remariée à un prince étranger, lorsqu'au printemps de 1811 l'Empereur, passant au Carrousel la revue de sa garde, aperçoit au milieu de l'état-major du prince Berthier l'aide de camp Canouville-portant fièrement la pelisse donnée par lui jadis à sa parente! La fourrure et les diamants constataient l'identité! Napoléon les reconnut et s'en montra fort courroucé; la dame fut, dit-on, sévèrement réprimandée et l'imprudent capitaine reçut une heure après l'ordre de porter des dépêches à Masséna (2), auquel il était prescrit de retenir cet officier indéfiniment auprès de lui.

(Général MARBOT, Mémoires, t. II, p. 446.)


(1) La princesse Pauline.
(2) Alors en Portugal.

# Le Commandant CARTIER

Milan, 8 nivôse, an V.

Au Général Berthier,

Vous voudrez bien prévenir le citoyen Cartier, chef de bataillon, qu'il est destitué de ses fonctions pour s'être absenté de son corps qui, pendant son absence, s'est trouvé à plusieurs batailles. — BONAPARTE.

(*Correspondance de Napoléon Iᵉʳ*, t. II, p. 271.)

# Le Colonel CAVALIER

Cavalier capitula en rase campagne. Un ordre du jour nous fit connaître cet événement; il commençait ainsi qu'il suit : « Généraux, officiers, sous-officiers et soldats! je vous dénonce une lâcheté, peut-être même une trahison, etc... »

(Général PELLEPORT, *Souvenirs*, t. I, p. 183.)

# L'Officier DE CHAMBURE

M. de Chambure, objet de l'admiration de toute la garnison de Dantzig, et même de nos adversaires, quitta nos rangs la veille de la reddition de la place, et se rendit dans l'armée russe, où il fut reçu avec empressement. Chambure nous combattit en 1814 et fut grièvement blessé, en qualité d'officier russe, à la bataille de Montmirail.

(Général DE MARBOT, *Mémoires*, t. III, p. 370.)

M. de Chambure fut à peu de temps de là condamné, par un tribunal français, aux galères à perpétuité, à la marque et au carcan pour avoir détroussé, était-il dit, sur le grand chemin deux officiers ennemis!

(LAS CASES, *Mémorial de Sainte-Hélène*, t. IV, p. 156.)

## Le Colonel Marius CLARY

V. le général Bigarré.


## L'Aide de Camp DE COËTLOSQUET

En Espagne, l'aide de camp de Coëtlosquet était le farceur, le loustic de ceux dont il devait un jour devenir l'assassin.

(Général Thiébault, *Mémoires*, t. II, p. 332.)


## Le Chef d'Etat-Major DARBOIS

Je ne tardai pas à être instruit par plusieurs officiers de la garnison (de Corfou) qu'il paraissait constant qu'une somme de 75,000 francs avait été partagée entre trois ou quatre individus : le chef de bataillon Darbois, faisant fonction de chef de l'état-major de la division, l'inspecteur, le payeur et le garde-magasin; qu'il était d'autant plus facile de s'en apercevoir que ces messieurs faisaient depuis quelque temps des dépenses un peu trop fortes.

Je me convainquis de la réalité de ce vol.

(Général Godart, *Mémoires*, p. 63.)


## L'Aide de Camp DE DALLEMAGNE

Quelques écus à l'aide de camp de Dallemagne m'eussent attaché ce brave qui, sans me servir peut-être directement, m'aurait au moins laissé faire.

(Adjudant-général Landrieux, *Mémoires*, t. I, p. 367.)

## Le Capitaine DENIS

Saint-Cloud, 29 août 1806.

Au Général Dejean,

On m'assure qu'un nommé Denis, capitaine, jouissant d'une pension de retraite de 1,500 francs, demeurant à Paris, rue du Martrois, vit d'une manière honteuse et propre à déshonorer l'habit militaire. Envoyez-le dans une petite ville de province où il vive avec sa pension en honnête homme. — NAPOLÉON.

*(Correspondance de Napoléon I<sup>er</sup>, t. XIII, p. 140.)*

## Le Colonel DESPRÉS

V. le général Bigarré.

## Le Colonel DOUENCE

Le colonel Douence, commandant les parcs, était devenu borgne, parce qu'ayant regardé, à travers le trou d'une serrure, deux demoiselles qui s'habillaient, l'une d'elles poussa à travers ce trou une aiguille à tricoter et lui creva l'œil.

*(Général* THIÉBAULT, *Mémoires, t. IV, p. 202, note.)*

## Le Colonel DROUIN

Le colonel Drouin, premier aide de camp du général Masséna pendant le blocus de Gênes, et avec lequel j'étais lié, arriva à Rochefort et me supplia de le faire attacher à l'expédition. Je mis le plus grand zèle à appuyer son vœu, qui fut exaucé; mais du moment où il sut que je rejoignais l'armée de la Gironde, il accourut chez moi et me dit qu'il avait à deux jours de Bordeaux deux chevaux de selle excellents, qu'il était heureux de pouvoir me les offrir, que je n'en trouverais pas de semblables, et qu'il me les laisserait pour 2,700 francs. Je les payai aussitôt; quand ils me rejoignirent à Bordeaux, il se trouva que je n'avais que deux rosses qui ne valaient pas 800 francs à elles deux.

(Général Thiébault, Mémoires, t. III, p. 199, note.)

## Le Lieutenant DROUVILLE

Un attroupement dissipé, il vint me faire son rapport, et, ce qui suffisait pour le faire juger, m'ayant trouvé dans le salon de Mᵐᵉ Ratton, la bru de mon hôte, il eut, en la présence de celle-ci et devant deux autres dames, l'indignité de tirer, comme preuve de ses prouesses, son sabre encore plein de sang. Eh bien, ce même homme qui, avec la troisième armée de Portugal, était retourné sur les bords du Tage et qui venait de rentrer en Espagne avec elle, la quitta bientôt et passa par Salamanque pour se rendre à Madrid.

Il y était à peine qu'il eut une querelle avec un des officiers de la garnison et sortit pour se battre; mais au lieu de suivre son adversaire jusqu'à l'endroit marqué pour le combat, il se laissa devancer par lui et l'assassina en le perçant par derrière avec son sabre. Informé de ce crime, j'ordonnai que ce Drouville fût de suite arrêté; tous les gendarmes furent mis à ses trousses; par malheur il avait eu le temps de charger son cheval de ses meilleurs effets, de l'enfourcher et de déserter; puis, pour finir d'une manière digne d'un brigand, en dépassant notre dernier factionnaire, il lui tira un coup de pistolet au moment où celui-ci lui portait les armes; il le blessa.

Ce scélérat, qui d'abord rejoignit don Julian, ensuite l'armée anglaise, passa plus tard en Russie et y devint colonel, tout comme d'autres le devinrent en France par des actions d'éclat.

(Général Thiébault. Mémoires, t. IV, p. 502.)

## L'Aide de camp DUFAY

Le château du prince de Kaunitz était plein de vins, on aurait pu en distribuer longtemps à la division Legrand et au 8ᵉ régiment de hussards qui couvrait le quartier général ; mais l'adjoint Dufay, qui pensait peut-être trouver le moyen d'en faire argent, s'établit grand échanson, et à peine put-on obtenir quelques distributions.

(Colonel PION DES LOCHES. *Mes campagnes*, p. 156.)

Ce Dufay était une espèce de maquignon qui vendait les chevaux qu'il volait.

*(Id., p. 180.)*

## Le Commissaire DUFRESNE

V. Varoquier.

## L'Aide de camp DUPHOT

V. l'aide de camp Burthe.

## L'Aide de camp FABRE

L'aide de camp Fabre... Allobroge, garçon assez ordinaire de moyens, d'une violence de fou et dont la tête commençait à se détraquer.

(Général THIÉBAULT. *Mémoires*, t. II, p. 223.)

## L'Officier d'état-major de FEZENSAC

Le pillage avait commencé. Je convins avec le colonel du 18e (1) que nous permettrions tacitement à nos soldats d'aller en prendre leur part.

(DE FEZENSAC. *Journal de la campagne de Russie*, p. 55.)

## Le Commissaire des guerres FLACH

Quartier général, Milan, 15 vendémiaire an V.

Au général Berthier,

Vous ferez arrêter et conduire à Milan le commissaire des guerres Flach partout où il se trouvera. Il est accusé d'avoir vendu un tonneau de quinquina. On présume qu'il est à Livourne. — BONAPARTE.

(*Correspondance de Napoléon Ier*, t. II, p. 50.)

## Le Commissaire des guerres FLACHAT

Pendant que j'étais à Milan, occupé à battre l'ennemi, Flachat s'est enfui avec six millions appartenant à l'armée.

(Lettre de Bonaparte au Directoire. — TROLARD.
*De Rivoli à Marengo*, p. 91.)

## Le Pharmacien principal FLAMAND

M. Desgenettes... a accusé le pharmacien principal Flamand d'avoir enlevé les plus riches médicaments de

(1) Pelleport.

la superbe pharmacie de San Juan, à Burgos, pour se les approprier, et celui-ci prouve qu'il a été autorisé à prendre cette mesure par M. le général Belliard.

(Baron Percy. *Journal des campagnes du*, p. 424.)

## L'Adjudant général de FLAVIGNY

L'adjudant général de Flavigny était fou. En 1796, après je ne sais laquelle des grandes batailles livrées par l'armée d'Italie, il avait été chargé de conduire sur les derrières une colonne de prisonniers ; humilié de ce rôle et par un sentiment très louable, il avait profité d'un rapport à adresser au général en chef Bonaparte pour lui écrire : « Pendant que vous continuez à vous couvrir de gloire, Flavigny se couvre de poussière. » ... Ayant cessé d'être employé, il était venu vivre de son traitement de non-activité à Tours, et il venait me demander mon appui pour réobtenir enfin de l'activité et me communiquer la lettre que dans ce but il voulait adresser au Premier consul, lettre que voici :

« Général Consul,

« Vous achevez de remplir le monde de votre gloire, et Flavigny crache sur ses tisons.
« Salut et respect. — FLAVIGNY. »

(Général Thiébault. *Mémoires*, t. III, p. 281.)

## L'Adjudant général GALEAZZINI

Sur le rapport du général Laharpe et d'autres personnes, l'adjudant général Galeazzini est convaincu d'avoir été un des premiers à donner l'exemple du pillage de l'artillerie ennemie, après la victoire de Dego, et à les dételer lui-même des pièces qui étaient en notre pouvoir.

(*Correspondance de Napoléon I<sup>er</sup>*, t. I, p. 174.)

## L'Amiral GANTHEAUME

Napoléon dit que Gantheaume n'était qu'un matelot nul et sans moyen.

(*Mémorial de Sainte-Hélène*, t. III, p. 329.)

## Le Commissaire-ordonnateur GOSSELIN

21 vendémiaire an V.

Au Directoire Exécutif,

Le commissaire-ordonnateur Gosselin est un fripon; il a fait des marchés de bottes à trente-six livres, qui ont été renouvelés depuis à dix-huit livres. — BONAPARTE.

(*Correspondance de Napoléon I*er, t. II, p. 65.)

## L'Inspecteur des Fourrages GRAS

Rapport au général Kilmaine : « Ce Gras est un fripon. Je vous envoie copie de la lettre qu'il m'a écrite et de la note qu'il n'a osé mettre dedans. Il paraît à la rondeur avec laquelle cet homme m'écrit après m'avoir vu une seule fois qu'il est coutumier du fait et qu'apparemment c'est un usage reçu dans les administrations de l'armée. C'est beau ! — LANDRIEUX (1). »

(Adjudant-général LANDRIEUX, *Mémoires*, t. I, p. 344.)

(1) Dans cette lettre datée de Desenzano, 10 germinal an V, Gras écrit au général Landrieux qu'il a été réquisitionner des fourrages à Monzambano, Ponte, Castellaro ; que ces trois communes n'avaient aucune des denrées recherchées et avaient offert en numéraire le prix de ces denrées (1,750, 1,000 et 300 livres de Milan). Gras avait accepté et déclarait avoir déposé ces sommes à Desenzano, attendant pour les retirer que le général lui ait prescrit l'emploi qu'il devait en faire.

Mais sur un feuillet collé à la lettre, le même inspecteur avait écrit : « Cette lettre est par forme, vous pouvez disposer de cette somme que je vous prie de me reprendre. Je vous prie, général, de vous rappeler de moi », et paraphe.

# Le Commissaire des Guerres GROBERT

Schoenbrunn, 6 nivôse an XIV.

Au Général Dejean,

J'ai destitué les commissaires des guerres Grobert et Masséna. S'il est d'autres commissaires des guerres qui se soient mal comportés, il faut les destituer. — NAPOLÉON.

(*Correspondance de Napoléon I<sup>er</sup>*, t. XI, p. 627.)

# Le Trésorier-Payeur d'HOUSSELIN

Les Espagnols firent cet officier prisonnier à Rio-Seco, et, à notre arrivée à Valladolid, on ouvrit sa caisse. Les dépenses dépassaient les recettes de plus de 40,000 francs : les intérêts des officiers et ceux du régiment étaient en bonnes mains.

(Colonel PION DES LOCHES, *Mes Campagnes*, p. 259.)

# L'Officier Henri DE LABÉDOYÈRE

Labédoyère (1), condamné, fut exécuté malgré de nombreuses interventions. Le roi, pour faire une espèce de réparation à sa famille et lui donner une sorte de compensation, nomme son frère Henri de Labédoyère, officier dans les gardes du corps quoiqu'il ne remplît aucune des conditions exigées par les ordonnances, et n'eut jamais servi. On peut difficilement comprendre comment cet officier accepta. C'était le prix du sang de son frère.

(Maréchal MARMONT, *Mémoires*, t. VII, p. 188.)

(1) Frère du précédent.

## Le Commissaire des Guerres
## LACHEVARDIÈRE

Posen, 2 décembre 1806.

Au maréchal Mortier,

Mon cousin, je n'ai pu être qu'extrêmement mécontent que M. Lachevardière ait, sans votre ordre, fait connaître que, moyennant un ordre de lui, tous les ballots pourraient se rendre de Hambourg à Altona. Il y a longtemps qu'il m'est revenu des plaintes sur les concussions de ce commissaire. S'il y a des preuves de cela dans le pays, faites-le arrêter et faites mettre le scellé sur ses papiers. — NAPOLÉON.

*(Correspondance de Napoléon Ier, t. XIV, p. 20.)*

## Le Colonel LACOSTE

En 1807, le colonel Lacoste reçoit de Napoléon Ier 25,000 francs en argent et 25,000 francs en rentes sur l'Etat.

*(Correspondance de Napoléon Ier, t. XVI, p. 53.)*

## L'Adjudant Général Pamphile LACROIX

Voir le général Championnet.

## L'Adjudant Général LANDRIEUX

Landrieux reçut personnellement des habitants de Vérone, à titre d'offrande, dit-il, une somme de 150,000 livres « pour avoir empêché le pillage de la ville ».

*(TROLARD, De Montenotte au Pont d'Arcole. p. 383.)*

Bonaparte écrivait de Milan, au Directoire, le 15 novembre 1797 :

« Vous trouverez ci-joint une lettre d'Ottolini, gouverneur de Bergame, que l'on a trouvée dans les papiers des Inquisiteurs de Venise. Vous y verrez qu'elle compromet beaucoup un adjudant-général nommé Landrieux qui, depuis longtemps, a quitté l'armée pour se rendre en France. Ce misérable, à ce qu'il paraît, excitait le Brescian et le Bergamosque à l'insurrection et en tirait de l'argent, dans le même temps qu'il prévenait les Inquisiteurs et en tirait aussi de l'argent. Peut-être jugerez-vous à propos de faire un exemple de ce coquin-là. Mais, dans tous les cas, j'ai pensé qu'il fallait que vous soyez instruits (1). »

(TROLARD, *De Rivoli à Marengo*, p. 166.)

Landrieux fut arrêté et traduit devant le tribunal criminel de la Seine pour fabrication de faux arrêtés signés Bonaparte, accusation à laquelle se joignit celle de faux en matière de lettres de change. Relaxé par le jury d'accusation, il se retira dans un petit village de Seine-et-Oise, et y vécut du produit de « ses succès contre les Vénitiens ». Napoléon s'étant trouvé, un jour de chasse, près de ce village, quelqu'un lui montra la maison qu'habitait Landrieux :

— Que fait-il? demanda vivement l'Empereur.

— Rien, sire.

— Eh bien, dans son intérêt, qu'il s'en tienne là.

(TROLARD, *De Rivoli à Marengo*, p. 167.)

Voir le Général Kilmaine.

## Le Capitaine LARUE

Voir le général Linois.

(1) *Correspondance de Napoléon Ier*, t. III, p. 588.

## L'Officier LE BLANC

Pichegru menait cette vie inquiète et errante depuis huit ou dix jours, lorsqu'un de ses anciens officiers d'état-major, un nommé Le Blanc, promit d'indiquer sa retraite moyennant finance.

« Il fut, dit Napoléon *(Mémorial de Sainte-Hélène)*, victime de la plus infâme trahison. C'est vraiment la dégradation de l'humanité; il fut vendu par son ami intime. Cet homme que je ne veux pas nommer, tant son crime est hideux et dégoûtant, ancien militaire qui depuis a fait le négoce à Lyon, vint offrir de le livrer pour 100,000 écus. Il raconta qu'ils avaient soupé la veille ensemble; la nuit venue, lui, fidèle ami, conduisit les agents de police à la porte de Pichegru... »

*(Dictionnaire Larousse*, article PICHEGRU.)

## Le Contrôleur des dépenses LEGROS

Quartier général, Forli, 16 pluviôse, an V.

Au Général Berthier,

Vous voudrez bien donner les ordres au commandant de la Lombardie pour qu'on fasse arrêter sur-le-champ le citoyen Legros, contrôleur des dépenses de l'armée, et le citoyen Lequêne, commissaire des guerres, l'un et l'autre convaincus d'avoir mal posé les scellés et de n'avoir fait aucun inventaire des objets qui se trouvaient au Mont-de-piété de Bologne, et par là soupçonnés avec raison d'avoir soustrait une partie des effets qui devaient s'y trouver et qui manquent. — BONAPARTE.

*(Correspondance de Napoléon Ier*, t. II, p. 392.)

## Le Commissaire des guerres LEQUÊNE

V. le contrôleur des dépenses Legros.

## Le Capitaine LETOURNEUR

Un matin, sortant de chez Monsieur, je me rendais chez le Roi. A peine entré dans le salon bleu, j'entends marcher à grands pas derrière moi : c'était le duc de Berry ; je me range, et il passe ; mais, à quelques pas en avant de moi, cheminait à demi voûté le vieux marquis Letourneur, capitaine des gardes de Monsieur et qui, un peu sourd ou distrait, n'ayant pas distingué le pas de charge de Monseigneur, reçut de lui un grand coup de pied à la partie saillante du corps qui se trouvait faire face au prince.

Surpris et furieux, comme on peut le croire, et en portant la main non à la garde de son épée, mais à la partie frappée, le marquis se retourna, la figure furibonde, et se vit en présence de Son Altesse Royale qui riait aux éclats avec une noblesse digne de son action. A l'instant le courtisan changea de physionomie, et, joignant les mains en action de grâces, s'inclinant jusqu'à terre, il s'écria avec une expression de sourire heureux :

« On n'est pas plus aimable que Monseigneur. »

(Général Thiébault, Mémoires, t. V, p. 233.)

## Le Colonel MARENSIN

Beja fut châtiée par le colonel Marensin avec une barbarie que Junot n'osa blâmer pour ne pas encourager la révolte, mais dont il fut outré, je le sais. On massacra, on pilla, on brûla, on commit des horreurs.

(Duchesse d'Abrantès, Mémoires, t. XII, p. 76.)

## Le Commissaire de la marine MARGUERITTES

Saint-Cloud, 16 brumaire, an XIII.

Note pour le Ministre de la Marine

M. Marguerites sera arrêté demain ; il sera fait, par un magistrat de sûreté, une enquête sur les moyens par lesquels il alimentait son luxe extraordinaire.

Il sera fait également une enquête sur sa mission de Hollande, sur l'argent qu'il a reçu des fournisseurs, sur ceux auprès desquels il est allé faire des propositions au nom du ministre. — NAPOLÉON.

(Correspondance de Napoléon I<sup>er</sup>, t. X, p. 5.)

## Le Colonel FIRMIN MARIE

V. le général Bigarré.

## Le Colonel de MARIGNY

Le colonel de Marigny, beaucoup plus capable de servir aux états-majors brillants du prince Murat ou du prince de Neufchâtel qu'à la tête d'un régiment, avait contre lui le corps des officiers qui l'avaient dénoncé pour avoir, disaient-ils, vendu des congés (1).

(Commandant PARQUIN, Souvenirs, p. 79.)

Le colonel de Marigny fut compromis dans une affaire d'argent et destitué.

(Général THIÉBAULT, Mémoires, t. I, p. 553.)

## Le Commissaire des guerres MASSÉNA (2).

Haag, près Wels, 11 brumaire an XIV.

Au général Dejean,

Monsieur Dejean, je ne sais pourquoi vous avez envoyé en Italie le commissaire des guerres Masséna : je

______

(1) L'Empereur fit annuler toute la procédure, en disant qu'il était bon qu'un corps d'officiers s'aperçût des fautes de son colonel, mais qu'il n'aimait pas les dénonciateurs. (Note de l'auteur cité.)

(2) V. aussi le commissaire des guerres Grobert.

vous l'avais défendu. Il s'y est déjà très mal conduit.....
La manière de voler de ces Messieurs est toute simple.
Ils font des réquisitions au nom de l'armée, s'entendent
avec les municipalités et donnent des reçus pour le
rachat. C'est ainsi que le commissaire des guerres Masséna a fait pour Modène. — NAPOLÉON.

*(Correspondance de Napoléon Ier, t. XI, p. 453.)*


## Le Commissaire des Guerres MIOT

Milan, 17 prairial an XIII.

A M. Fouché,

Je désire que M. Miot soit éloigné de son frère le
conseiller d'État. Il me revient que ce commissaire des
guerres n'est point pur; qu'il a reçu de l'argent et en
reçoit de Belgique pour protéger les contrebandiers. —
NAPOLÉON.

*(Correspondance de Napoléon Ier, t. X, p. 599.)*


## Le Garde-magasin DE MONTGAILLARD

J'avais pour garde-magasin à Lübeck, l'abbé ou le
comte de Montgaillard. Il n'était pas un produit de fri-
ponnerie dont il dédaigna de se gratifier. Ainsi il volait
sur tout et il volait toujours.

*(Général THIÉBAULT, Mémoires, t. II, p. 122.)*


## Le Chirurgien-Major MOUTON

Le chirurgien-major Mouton logeait avec le général
Dorsenne et quelques colonels dans une maison de plai-
sance appartenant à la princesse de Lichtenstein. Dans un
souper, on reproche à l'amphytrion le peu de propreté
du linge qu'il offre à ses convives. Il s'excuse sur l'éco-

nomie du concierge et sur le peu de courtoisie de sa maîtresse. Il ne faut pas souffrir cela, crie-t-on en chorus; il faut rappeler à l'ordre cette hôtesse incivile : Allons, Mouton, sois notre interprète. Vite à l'ouvrage ; fabrique force épigrammes et apprends à cette princesse de Germanie, que nous devons chez elle être dans de beaux draps. Mouton ne se fit pas prier : dans sa verve alcoolique, il écrit la lettre la plus ordurière, la plus injurieuse, telle que, dans le carnaval, on n'oserait l'écrire à la plus abjecte des prostituées.

(CADET DE GASSICOURT, *Voyage en Autriche*, p. 363.)

## Le Colonel PAYEN

Je fais partir le colonel du 7e de hussards, Payen. C'est un roué du Palais-Royal, un joueur de profession.

(Rapport de LANDRIEUX au général KILMAINE. — *Mémoires* de l'adjudant-général LANDRIEUX, t. I, p. 349.)

## Le Colonel PION DES LOCHES

Je vidai ma malle (1) dans un sac de voyage que j'avais fait faire à Moscou avec une tapisserie du prince Baryatinski.

(Colonel PION DES LOCHES, *Mes Campagnes*, p. 322.)

Le fourgon, où je laissai une magnifique lunette d'approche, un joli secrétaire portatif en bois d'acajou et ma caisse de livres, fut abandonné. Mais je conservai une autre caisse renfermant un superbe déjeuner en porcelaine de la Chine.

(*Id.*, p. 323.)

(1) 1812.

## Le Colonel PRÉVAL

Les soldats appelaient Préval « Miroir à p. . . »

(Général THIÉBAULT, *Mémoires*, t. III, p. 318, note.)

## Le Lieutenant REY

Le nommé Rey, sous-lieutenant de la 51e demi-brigade, s'est permis de dépouiller un officier autrichien qui avait été fait prisonnier de guerre à la dernière affaire de Governolo (1796).

(*Correspondance de Napoléon I*, t. II, p. 49.)

## Le Commissaire des Guerres ROCH

Finkenstein, 24 mai 1807.

*Note pour le Major-général.*

Le commissaire des guerres Roch, de Marienwelder, sera arrêté et mis à l'ordre de l'armée. — NAPOLÉON.
(*Correspondance de Napoléon I*er, t. XV, p. 329.)

## Le Colonel ROEDERER fils aîné

V. le général Bigarré.

## ROSÉ

Le chef de l'administration des vivres est un nommé Rosé de Haguenau, banqueroutier frauduleux venu à l'armée pour raccommoder ses affaires.

(*Journal des Campagnes* du baron PERCY, p. 389.)

## L'Aide de Camp ROUBAUD

A peine chassé de l'état-major de Masséna (1), Roubaud était devenu aide de camp du général Brune.

(Général baron THIÉBAULT, *Mémoires*, t. II, p. 84.)


## Le Chevalier DE ROUGEVILLE

Le chevalier de Rougeville, qu'Alexandre Dumas a rendu populaire sous le nom de Maison-Rouge, fut fusillé à Reims le 7 mars 1814, comme « atteint et convaincu d'espionnage ».

(H. HOUSSAYE, 1814, p. 22, note.)


## Le Commissaire général SALICETI

Le Corse Arena — depuis si justement célèbre — qui était à cette époque le Robert Macaire de Bertrand-Saliceti, se rendit à Lucques secrètement, et fit accroire au gouvernement que le général en chef de l'armée française ne consentait à exempter le territoire d'un passage de troupes que moyennant le paiement d'une contribution de 800,000 lires, monnaie du pays, environ 750,000 francs. Le Sénat, trop heureux d'échapper, même à ce prix exorbitant, aux violences de la soldatesque, paya immédiatement. Saliceti, se voyant joué par Arena qui refusait de partager avec lui, courut à son tour à Lucques, et menaça les habitants de leur imposer une deuxième contribution, s'il ne lui était pas versé sur-le-champ 500,000 lires. Un des ministres se rendit alors auprès d'Arena et obtint de lui, mais avec la plus grande peine, qu'il se dessaisit de cette somme au profit de Saliceti, en conservant pour lui le surplus, soit 300,000 lires.


(1) Pour refus d'obéissance.

Cette malheureuse petite République n'en était pas quitte avec Saliceti. Devenue sujette de la France sous le Consulat, le ci-devant commissaire de Carnot fut chargé en raison de sa grande — trop grande — expérience des choses italiennes, d'en organiser le gouvernement. C'était en 1801. Le trésor lucquois ayant prêté autrefois 1,500,000 francs à l'impératrice Marie-Thérèse, l'empereur François en fit opérer la restitution. Saliceti profita de l'occasion pour réclamer sa part, et, malgré les doléances des habitants, se fit remettre de force, par le gouvernement qu'il installait, la somme de 700,000 francs.

(TROLARD, De Rivoli à Marengo, p. 278.)

L'accueil courtois du général en chef faisait espérer à l'évêque que sa bonne ville de Lodi n'aurait pas trop à souffrir de la guerre. Mais dès le lendemain de la réception, Saliceti lui demanda une situation du trésor de San-Bassiano, déposé dans le Dôme, pour s'en emparer « au profit de la caisse de l'armée ». L'évêque le pria d'épargner ces objets sans valeur monnayable, auxquels s'attachait depuis des siècles la vénération des fidèles; Saliceti en demanda alors 30,000 francs, et comme le prélat ne lui offrait qu'une obligation personnelle de 1,000 zecchini (15,000 francs), plus toute l'argenterie de ses palais, Saliceti refusa et fit main basse sur tous les objets précieux que renfermait la cathédrale.

(TROLARD, De Montenotte au pont d'Arcole, p. 117.).

## L'Officier SCHOLL

L'officier Scholl, mon hôte lui-même, avait fait connaître au ministère le lieu de ma retraite. On a vu que cet homme avait épousé une de mes parentes : il m'avait conseillé lui-même de m'évader, sans doute pour avoir occasion de me livrer et de me vendre. O siècle de corruption! L'avancement qu'il sollicitait à l'armée sans succès lui fut aussitôt donné, et là ne se borna pas sa récompense : 100,000 francs lui furent comptés pour avoir livré son parent.

(FAUCHE-BOREL, Mémoires, t. III, p. 78.)

## Le Colonel SÉGANVILLE

Séganville, ayant formé son régiment en bataille, fit faire une petite exécution à l'égard d'une fille dont il ne pouvait débarrasser ses hommes et qui, chassée plusieurs fois, reparaissait toujours, attirant surtout des punitions à un maréchal-des-logis dont elle était amoureuse.

On amena la fille devant le front du régiment; elle était, sur ma foi, fort belle, une Basquaise pur-sang. Déshabillée, rasée partout, et transformée en négresse par un enduit de cirage, on la fit défiler devant la troupe, puis conduire par un brigadier en arrière de l'armée.

(LEMONNIER-DELAFOSSE, *Campagnes*, p. 273.)


## Le Colonel SÉRUZIER

Le colonel Séruzier avait reçu une dotation de 2,000 francs de revenu à Friedland; il en reçut une seconde de 4,000 francs à Wagram, avec le titre de baron; et une troisième également de 4,000 francs, sur le canal de Saint-Quentin, après la bataille de la Moskowa.

(Commandant SÉRUZIER, *Mémoires*, p. 212, note.)


## L'Intendant général SICARD

V. le maréchal Victor, duc de Bellune.


## SURCOUF

Après plusieurs courses aventureuses, Surcouf fut sur le point d'être dépouillé du fruit de ses dangers, parce qu'il avait écumé la mer sans lettres de marque. Cependant, en considération de ses services, le Directoire lui décerna, à titre de récompense nationale, la valeur de ses prises. Il eut pour sa part 1,700,000 francs.

... Il partit de nouveau : plusieurs campagnes heureuses augmentèrent encore sa fortune ; en 1813, il possédait une fortune qui s'élevait à plus de 3 millions.

*(Magasin Pittoresque, t. II, p. 294.)*

## Le colonel Henri TASCHER DE LA PAGERIE

V. le général Bigarré.

## L'Officier d'Administration THÉVENIN

Thévenin est un voleur ; il affecte un luxe insolent.

*(Lettre de Bonaparte au Directoire exécutif, 21 vendémiaire an V.) — (Correspondance de Napoléon Ier, t. II, p. 65.)*

## Le Major TUGNOT

Aix-la-Chapelle, 20 fructidor an XII.

A Monsieur Fouché,

Monsieur Fouché, Ministre de la police générale, Tugnot, major de la 28e légère, est destitué. Il est vrai qu'on dit qu'il s'est bien comporté pendant ces dernières années, mais un militaire qui a été espion de l'ennemi ne doit plus compter dans nos rangs. — NAPOLÉON.

*(Correspondance de Napoléon Ier, t. IX, p. 641.)*

## Le Commissaire des guerres TURMAN

… Turman, commissaire des guerres, chassé pour ses méfaits… Après avoir vu prendre par les confédérés la plupart des caissons qui portaient ses vols, il a été ignominieusement congédié.

*(Journal des Campagnes du baron Percy, p. 402.)*

## Le Garde-Magasin VARLET

L'Empereur se promenait hier autour de sa tente. Il regardait avec plaisir les grenadiers de sa garde qui déjeunaient : — Eh bien! mes amis, comment trouvez-vous le vin? — Il ne nous grisera pas, Sire, voilà notre cave, dit un soldat en montrant le Danube. L'Empereur, qui avait ordonné qu'on distribuât une forte bouteille de vin à chaque soldat, est surpris de voir qu'on les met au régime la veille d'une bataille : il en demande la raison au prince de Neuchâtel. On s'informe, et on apprend que deux garde-magasins et un employé aux vivres chargé de ce service ont vendu à leur profit 40,000 bouteilles destinées à la distribution, et qu'ils espéraient remplacer ce vin par du vin de qualité inférieure. Ce vin avait été saisi par la garde impériale dans une abbaye. On l'évaluait à 30,000 florins. Ils ont été arrêtés, jugés par un conseil de guerre et condamnés à mort. Ils se nommaient Varlet et Veil. En allant au supplice, on dit qu'ils rencontrèrent le comte de *** dans sa voiture. L'un d'eux s'écria : « Monsieur le comte, voilà cependant où nous a conduits l'exemple! » Le comte a baissé les stores de son équipage, sans doute pour ne pas s'attendrir.

*(Cadet de Gassicourt, Voyage en Autriche, p. 219.)*

## VAROCQUIER

Je suis allé à l'hôpital à un quart-d'heure de Kustrin… Le directeur se nomme Varocquier et le commissaire

Dufresne, deux vrais misérables qui s'enrichissent aux dépens des pauvres malades.

(Journal des Campagnes du baron Percy, p. 389.)

## Le Colonel DE VAUTRÉ

Le colonel de Vautré, président de commission militaire, surpassa, dans les horreurs qu'il commit, tout ce qu'on raconte de 1793.

(Duchesse D'ABRANTÈS, Mémoires sur la Restauration,<br>t. II, p. 107.)

## Le Garde-Magasin VEIL

V. le garde-magasin Varlet.

# BIBLIOGRAPHIE

# BIBLIOGRAPHIE

Abrantès (duchesse d'). — *Mémoires sur l'Empire.* — *Mémoires sur la restauration.*

Ambert (Général). — *Portraits de gens de guerre.*

Argenson (René d'). — *(Rapports inédits du lieutenant de police.)*

Audiger. — *Souvenirs et anecdotes.*

Avrillon (Mlle). — *Mémoires sur Joséphine.*

B. (Lieutenant-colouel L.). — *Esquisse historique sur le maréchal Brune.*

Bausset (de). — *Mémoires anecdotiques.*

Beauchamp (de). — *Mémoires secrets et inédits.*

Benoit. — *Histoire de l'Édit de Nantes.*

Berthezène (Général). — *Souvenirs militaires de la République et de l'Empire.*

Beugnot (Comte). — *Mémoires.*

Bigarré (Général). — *Mémoires.*

Blaze. — *Mémoires d'un Apothicaire sur la guerre d'Espagne.*

Bonneville de Marsangy. — *Journal d'un Volontaire.*

Bory de Saint-Vincent. — *Mémoires sur les Cent Jours.*

Bourgogne. — *Mémoires sur la Campagne de Russie.*

Bourrienne. — *Mémoires.*

Bricard. — *(Journal du Canonnier.)*

Cadet de Gassicourt. — *Voyage en Autriche.*

Cochelet (Mlle). — *Mémoires sur la Reine Hortense.*

Coignet. — *(Cahiers du Capitaine Jean Roch.)*

Constant. — *Mémoires.*

Courier (P.-L.). — *Œuvres.*

Dangeau. — *Mémoires.*

Davout. — *(1806-1807, Rapport du Maréchal.)*

Delort (Taxile). — *Les Rues de Paris.*

Dirk van Hogendorp (Général). — *Mémoires.*

Du Casse. — *Supplément à la Correspondance de Napoléon I*er.

Dugast de Bois Saint-Just. — *Paris, Versailles et les Provinces.*

Duguesclin. — *(Chronique de Bertrand.)*

Dumas (Alexandre). — *Mémoires.*

Durand (Mme). — *Mémoires sur Napoléon.*

Dussieux. — *L'armée en France.*

Fauche-Borel. — *Mémoires.*

Fezensac (de). — *Journal de la Campagne de Russie.*

Fieffé. — *Histoire des Troupes étrangères au service de la France.*

Foucart. — *Campagne de Prusse.*

Fouché. — *Mémoires.*

Fricasse *(Journal de).*

Français (un). — *Mémoires sur la Cour du Prince Eugène.*

Giraudeau. — *Les Vices du jour et les Vertus d'autrefois.*

Girault. — *Mes Campagnes sous la République et l'Empire.*

Gourgaud (Maréchal). — *Campagne de 1815.*

Guillemard (Robert). — *Mémoires.*

Hugo (A.). — *La France militaire.*

Jobez. — *La France sous Louis XV.*

Labaume (Commandant). — *Relation de la Campagne de Russie.*

Lahure (Baron). — *Mémoires.*

Lamarque (Général). — *Souvenirs.*

Landrieux (Adjudant-Général). — *Mémoires.*

Lapène. — *Campagnes de 1813 et de 1814.*

Larghey. — *Suites d'une Capitulation.*

Las Cases. — *Mémorial de Sainte-Hélène.*

Le Loyal Serviteur. — *Histoire de Bayard.*

Lémonnier-Delafosse. — *Campagnes de Saint-Domingue.*

—           —        *Campagnes.*  •

Leroy-Beaulieu (P.). — *Les Guerres contemporaines.*

Lurine. — *Les Rues de Paris.*

*Magasin Pittoresque.* — Collection.

Marbot (Général de). — *Mémoires.*

Marmont (Maréchal). — *Mémoires.*

Masséna (Maréchal). — *Mémoires.*

Masson (Frédéric). — *Aventures de Guerre.*

May. — *Droit romain.*

*Mémorial de Sainte-Hélène.*

Méneval (Baron). — *Mémoires.*

Montesquieu. — *Grandeur des Romains.*

Montholon (Général). — *Captivité de Napoléon.*

*Mosaïque (La).* — Collection.

Musnier-Desclozeaux. — *Indiscrétions.*

Napoléon Ier. — *Correspondance.*

Nayliés (Général de). — *Mémoires sur la Guerre d'Espagne.*

Niegolewski. — *Les Polonais à Somo-Sierra.*

Ney (Maréchal). — *Mémoires.*

Parquin (Commandant). — *Souvenirs et Campagnes.*

Pelleport (Général). — *Souvenirs.*

Pétiet (Général). — *Souvenirs militaires.*

Petit. — *Marengo.*

Percy (Baron). — *(Journal des Campagnes du).*

Peyrusse (Baron). — *Mémorial et Archives.*

Pils. — *(Journal de marche du Grenadier.)*

Pion des Loches (Colonel). — *Mes Campagnes.*

Poisson (Baron). — *L'Armée et la Garde nationale.*

Rapp (Général). — *Mémoires.*

*Revue rétrospective.* — Collection.

Roguet (Général). — *Mémoires militaires.*

Roustam. — *(Mémoires du Mameluck.)*

Savary (Général). — *Mémoires.*

Saint-Albin (de). — *Championnet*.

Saint-Hilaire (Marco de). — *Souvenirs intimes du temps de l'Empire*.

Saint-Simon. — *Mémoires*.

Saint-Simon. — *Carnet de Campagne du duc de*

Sarrepont (Major de). — *Chants et Chansons militaires de la France*.

Schœlcher. — *Histoire du Deux-Décembre*.

Ségur (de). — *Histoire de Napoléon I$^{er}$*.

Selle de Beauchamp (de). *Souvenirs de la fin du 18$^e$ siècle*.

Séruzier (Général). — *Mémoires militaires*.

*Spectateur militaire*. — Collection.

Sully. — *Mémoires*.

Thiébault (Général). — *Mémoires*.

Thiers. — *Histoire de la Révolution française*.

—          *Consulat et Empire*.

Thomas (Général). — *Causeries militaires*.

Trolard. — *De Rivoli à Marengo*.

—          *De Montenotte au Pont d'Arcole*.

Vaudoncourt (Général de). — *Histoire des Campagnes de 1814 et 1815 en France*.

# INDEX ALPHABÉTIQUE

# INDEX ALPHABÉTIQUE

## DES NOMS CITÉS

BIBLIOTHÈQUE NATIONALE R F IMPRIMÉS

## A

# C

# D

## E

# F



# G

# K



# L

# M

| | |
|---|---|
| Macard | 135 et suivantes. |
| Macdonald | 37, 61, 133 |
| Maison | 61 |
| Malet | 136 |
| Malo-Jaroslavetz | 18 |
| Mantes | 29 |
| Marbot (de) | 17 |
| Marengo | 64 |
| Marensin | 186 |
| Marguerittes | 186 |
| Marie | 89, 187 |
| Marie-Antoinette | 48 |
| Marie-Thérèse | 191 |
| Marigny (de) | 187 |
| Marmont | 39, 62 et suivantes. |
| Marot | 14 |
| Masséna (commissaire des guerres) | 187 |
| Masséna (maréchal), 32, 33, 39, 40, 43, 44, 47, 63, 64 et suivantes | 133 |
| Mathel (Mme) | 29 |
| Mathieu-Favier | 66 |
| Menou | 136 |
| Metternich | 71 |
| Migault | 8, note. |
| Milan | 14, 47, 65, etc. |
| Miot | 188 |
| Miranda | 137 |
| Miré | 31 |
| Modène | 32 |
| Mollien | 154 |
| Monet | 137 |
| Monnet | 132, 138 |
| Montbrun | 137 |
| Montesquieu (de) | 10, 37 |
| Montgaillard (de) | 141, 188 |
| Monthyon | 138 |
| Montigny-Colbert (de) | 31 |
| Montrevel (de) | 30 |
| Montrichard (de) | 138 |
| Montveran (de) | |

# P



# Q

## R

# S

# W



# X

BIBLIOTHÈQUE NATIONALE R F IMPRIMÉS

# ERRATA

Page 3, ligne 7, au lieu de « livré » lire « livrés ».

Page 5, ligne 5, lire, après la virgule, « a presque toujours fait agir le soldat ».

Pages 5, 18, 25, 32, 34, 45, 49, 52, 53, 55, 59, Bourrienne est mentionné à tort comme général.

Imprimerie PAUL LEMAIRE, 7 et 9, rue Abel-Hovelacque
PARIS (XIIIᵉ)

Composé par des ouvriers syndiqués.

www.ingramcontent.com/pod-product-compliance
Ingram Content Group UK Ltd.
Pitfield, Milton Keynes, MK11 3LW, UK
UKHW022231080726
13614UKWH00007B/174